沪派江南营造系列丛书

上海乡村聚落
风貌调查纪实
浦东卷

上海市规划和自然资源局 ｜ 编著

上海文化出版社

宣桥镇腰路村、三灶村、光辉村、季桥村（2024 年 8 月 杨嘔摄）

前言

　　6000年前，活动在上海古海岸线"冈身"地带的早期先民，开创了发祥于崧泽文化、广富林文化的上海古代文明。历史长河漫漫，千百年沧海桑田，在万里长江滚滚东流、奔涌向海和海岸潮汐的共同作用下，陆海交融、消长共生，海岸带持续向东延展，逐渐形成如今上海脚下的土地；伴随"三江入海"到"一江一河"的地理格局变迁，勤劳的上海先民耕耘稼作、治水营田，在这片土地上留下了依水而生、人水共荣、特征明显、丰富多元的江南水乡印迹，创造了独具特色、底蕴深厚的江南水乡文化。"滩水林田湖草荡"的蓝绿空间、落庪屋绞圈房的田舍人家、浦江上游的三泖九峰、本土特点的历史文化和风土人情，绵延千百年始终保持着独特的个性和魅力，成为镌刻上海乡村文明形成、变化和演进的轨迹与年轮。

　　2023年6月初，在上海高校智库关于《"传承海派江南民居文化基底，构建上海特色的新时代农村村容村貌"专家建议》中，上海财经大学城乡发展研究院张锦华研究员、上海交通大学设计学院建筑学系黄华青副教授提出要保护传承上海江南水乡基因和民居文化基底，塑造富有时代特征、彰显区域特色、蕴含传统文化价值的乡村特色风貌。市委、市政府高度重视专家建议，明确要深入学习贯彻习近平生态文明思想和文化思想，落实党的二十大精神，聚焦中国传统文化传承和上海特色水乡风情文化保护，守正创新，提高认识，专题部署开展上海江南水乡特色风貌和乡村传统文化保护传承调研和规划工作。按照市委、市政府总体工作部署，7月起，上海市规划和自然资源局会同市级相关部门、各涉农区政府，组织开展全市特色民居和村落风貌调研普查工作。

　　调查范围覆盖全市9个涉农区、108个镇（乡、街道）、1548个行政村，调查内容涵盖村域空间、聚落肌理、建筑风貌、历史文化等乡村要素，同时还重点关注乡风民俗、传统手工、匠作流派等非物质文化遗存。调研普查工作团队由上海市城市规划设计研究院牵头，包括上海同济城市规划设计研究院有限公司、中国城市规划设计研究院上海分院、上海市浦东新区规划设计研究院，中国建筑上海设计研究院有限公司、华建集团华东建筑设计研究院有限公司、华建集团上海建筑设计研究院有限公司、同济大学建筑设计研究院（集团）有限公司，同济大学、上海交通大学、上海大学，上海市测绘院，以及乡村责任规划师，共计约300人，组成4个空间规划团队、4个建筑设计团队、3个高校团队联合测绘团队和乡村责任规划师团队分组展开调研。每个调查小分队至少有1名规划师、1名建筑师、1名高校学生共同参与，各个村庄的乡村责任规划师均全程参与调研普查。

　　调研普查正值盛夏，在市、区、镇（乡、街道）、村精心组织和保障支持下，各团队克服高温、暴雨、台风等恶劣天气影响，各展其长，协同配合，经过2个月的努力，通过现场踏勘、资料收集、问卷调查、专题研讨、座谈交流等多种形式，访谈村民4000余人，召开座谈会1600余场，拍摄照片5万余张，最终形成1548个行政村调查报告、村庄"写真集"、9个涉农区"一区一册"普查成果、200G地理资料数据，并通过全景三维影像制作和三维建模等技术手段，多维度呈现调查成果。

调研普查过程中,规划师、建筑师、高校学生深入上海郊野乡村、田间地头,用一篇篇调查笔记、手记,记录了一处处特色风貌,捕捉到一个个生动画面。在风土感知、文史溯源、访谈座谈、交流研讨、观点碰撞、驻村工作中,发现了一批具备典型沪派特征的自然风貌、村庄聚落、乡村建筑和非物质文化遗存,形成了以古村、古建筑、古树、古河道、古街、古井、古庙、古风等"八古"特点的风物传奇系列成果,孕育、回溯、记忆、存留、传承、孵化、创新了上海乡村风貌文化发展和振兴的理想与信念。

在调研普查取得宝贵的第一手资料基础上,我们集中研究编制了《上海市特色村落风貌保护传承专项规划》,明确保护传承的目标任务和要求,并集中开展行动。同时,我们组织力量进一步提炼总结,编撰完成《沪派江南营造系列丛书》之《上海乡村聚落风貌调查纪实》,包括1本全市总卷和9本涉农区分卷。其中,总卷描绘了上海乡村地区发展的历史成因和地理空间基因,全景勾勒上海特色村落格局、建筑风貌、历史要素、风俗人文,以及调研组织概况;9本分卷聚焦9个涉农区自身特色特征,生动展示上海乡村丰富多元的景观人文风貌。书籍编写的过程,既是对此次调研普查从组织到成果编制技术方法的归纳,更是对上海乡村经济价值、美学价值、生态价值、社会价值等多元价值的再认识和再发掘。

习近平总书记多次强调,乡村文明是中华民族文明史的主体,村庄是这种文明的载体。党的二十届三中全会指出,中国式现代化是物质文明和精神文明相协调的现代化;必须增强文化自信,传承中华优秀传统文化。深入学习贯彻党的二十届三中全会精神,按照十二届市委五次全会要求,进一步全面深化改革、在中国式现代化中充分发挥龙头带动和示范引领作用,切实践行习近平生态文明思想,全面推进各项工作落地行动。在城市文明高度发达的今天,我们怀着敬畏之心,以朴实的手法、真切的调研,真实记录现代化进程中上海乡村依然保留着的特色肌理地脉和鲜活历史文脉,为每个特色乡村聚落及要素留下一张"写真画像",以期为后续学术研究、决策咨询和各类规划编制提供依据和参考。

上海乡村历史悠久、志记繁杂、要素多元,限于编者的视野和专业能力,难免有以偏概全、疏漏错误之处,敬请批评指正。在此,谨以此丛书向所有参与、支持此项工作的专家、学者、设计师、个人以及各相关单位和社会各界表示真诚的感谢!向参与此工作的市、区、镇(乡、街道)、村各有关方面和广大村民给予的大力支持表示衷心感谢!

上海特色民居和村落风貌调研普查工作只是一个起点,一片充满独特魅力和活力的土壤,一颗即将破土萌发沪派江南的种子。我们期待同社会各方一道,携手共进,共同塑造上海水乡意象,守好上海乡村历史文脉,在传承和弘扬乡村文化和中华文明的大道上不断前进,守正创新,繁花似锦。

丛书编写组
2024年8月1日

目录

前言

第1章 11
浦东特色民居村落风貌总论

1.1 区域概况与乡村价值 12
1.2 空间格局 16
1.3 民居风貌特征 19
1.4 建筑特征 29

第2章 33
北部片区

2.1 高桥镇 36
2.2 高东镇 42
2.3 高行镇 46
2.4 曹路镇 48
2.5 合庆镇 62
2.6 唐镇 76
2.7 金桥镇 85

第3章 87
近郊片区

3.1 三林镇 89
3.2 张江镇 97
3.3 北蔡镇 106
3.4 康桥镇 111
3.5 周浦镇 117
3.6 川沙新镇 126

第4章 147
中部片区

4.1 祝桥镇 150
4.2 航头镇 168
4.3 新场镇 179
4.4 宣桥镇 196
4.5 惠南镇 206
4.6 老港镇 215
4.7 大团镇 222

第5章 231
临港片区

5.1 泥城镇 233
5.2 书院镇 239
5.3 万祥镇 247
5.4 南汇新城镇 251

附录 255

附录 A 传统建筑统计表 256
附录 B 古树、古桥、古寺庙
　　　 等历史遗存统计表 265
附录 C 参考文献 276
附录 D 后记 277

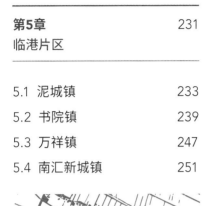

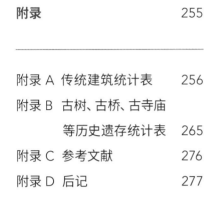

书院镇外灶村（2023 年 8 月杨峻摄）

01

浦东特色
民居村落
风貌总论

区域概况与乡村价值

空 间 格 局

民 居 风 貌 特 征

建 筑 特 征

1.1 区域概况与乡村价值

浦东新区行政区域面积1210.41平方公里，2023年末常住人口581.11万，地区生产总值超1.67万亿元，辖12个街道、24个镇，是上海面积最广、人口最多、经济体量最大的行政区。以占上海22.12%的区域面积、23.36%的常住人口，实现了35.86%的地区生产总值。浦东新区地域辽阔，不仅有高度城市化的地区，也有着广袤的农村腹地。截至2023年底，共有行政村355个，主要分布于外环线以外。本书中出现的浦东地区、浦东皆指浦东新区行政区划范围。

乡村有其独特的聚落肌理和景观风貌，承载了农业型的生产生活和文化记忆，是城乡文化的重要组成部分。乡村价值主要表现在纵横交织的水系、独具特色的传统民居建筑等自然和人文景观，以及不同人群混居、多元文化融合下形成的乡风习俗、匠作流派、饮食节庆等非物质文化遗产，蕴含生态价值、景观价值和文化价值等。

1.1.1 生态价值

1. 水道密布

浦东水道密布、大小河道纵横交织，拥有江、河、湖、港、沔、泾、浜、塘等多种水文地形，其水文特征与历史时期生产生活方式息息相关。上海郊区可以分为冈身松江文化圈、淞北平江文化圈、沿海新兴文化圈和沙岛文化圈四大文化圈。浦东属于沿海新兴文化圈，该区域历史上以盐业、渔业为主，其独特的地域经济生产方式造就了浦东灶港盐塘密布的河道水系。

浦东盐业生产始于唐末五代，宋元时达到顶峰，明代中后期逐渐衰落。盐业生产需要人工开挖沟槽引入海水，盐民以灶为单位开展生产，宽阔的潮港河道对应各自生产单位，称为"灶港"。这也是浦东现存大量东西向以灶港命名的河流，如二灶港、三灶港、六灶港、七灶港等的原因。由灶港引入海潮后，盐民将盐水分别通过纵向的河塘往南、往北导入盐田，在漫滩中煎晒成卤，盐田之间的纵向漕沟被称为"盐塘"。

盐业由盛转衰后，浦东地区进一步发展农业生产，开垦沿海滩涂。为满足盐场生产和农田灌溉，又大量修筑海塘、开浚河流，由此

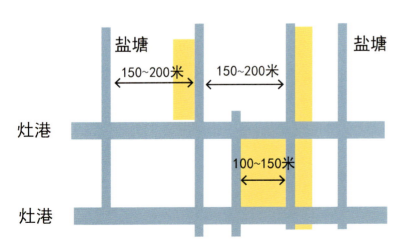

浦东地区灶港盐塘分布格局

形成纵塘横港、南北交织的河网水系。盐业衰退，东西（横）向灶港因河道宽阔，延续了生产、航运等主要功能，南北（纵）向盐塘逐步转变为服务居民生活的河塘。灶港河道纵向间距 100～200 米，村落常位于水的一侧（南侧居多）或两侧。

2. 农林交织

浦东地区农林水交织，形成重要的生态网络。上海地形地貌构造基本可以分为西部湖沼平原区、东部滨海平原区及河口沙洲淤积区。浦东属于东部滨海平原区，根据地貌成因、形态、物质组成及发育年龄等标志，又可分为老、早、中、新滨海平原区和潮坪区。明朝中后期盐业衰落的同时土地逐渐熟化，农耕逐渐兴起，以种植水稻为主。在纵横交织的水系骨架下，农田被河流切割，呈狭长带分布。

浦东地区现有耕地约 274 平方公里（占上海耕地面积 16.92%），园地约 41 平方公里（占上海园地面积 27.12%），广泛分布于外环以外各镇。1993 年浦东新区成立之初，人均公园绿地面积为 0.54 平方米。2009 年南汇区并入浦东新区，使公园绿地面积得到大幅增加。2022 年浦东人均公园绿地面积为 13.2 平方米。浦东林地建设经历了三个阶段。

第一阶段 1990—2000 年：浦东开发初期，林地总面积 640 公顷，20 世纪 90 年代中后期农业结构逐步调整，种植品种以桃、柑橘、葡萄、梨四大品种为主，果树生产基地由北蔡、高东、张桥等地，逐渐扩展到川沙、机场、合庆、唐镇地区。

第二阶段 2001—2012 年：城市化过程中，随着城市基础设施建设项目及浦东机场扩建征占林地、农村居民点改造和新农村建设，种植结构调整，灌木林地和竹林地面积大幅下降，林地建设以生态林和工程化造林为主。

第三阶段 2012 年至今：全力推进重点生态廊道建设、一般廊道和公益林建设。

农林复合可以有效改善农田小气候，提升生态环境品质。高效、稳定、多样的农林复合系统，有利于实现自然资源和人力资源的合理利用，有利于环境、经济和社会的协调发展，发挥出全系统最大的经济、社会、生态效益。

1.1.2 景观价值

水文、农田和林地等是乡村的自然景观，民居建筑和乡村聚落是附着于田林之上的人文景观，二者共同构成景观价值。浦东乡村地区保留了许多具有上海本土特征的房屋——绞圈房，这是上海传统民居建筑的重要记忆载体。

绞圈房是上海原住民对屋顶互相绞接的、一层"口"字形四合院或双庭心"日"字形合院的俗称，它既有江南宅院围屋的外形特征，又有滨海乡土建筑的风格特征。绞圈房通常为九宫格平面布置，各户根据人口结构、经济实力等实际情况稍作变动，呈五开间或七开间。绞圈房虽然未见史书详载，但在上海的城郊和乡间已有二三百年的传承历史，至今风貌犹存，是极其宝贵的民居建筑遗产和乡土文化记忆，是上海的"本地房子"。

绞圈房的形成主要有三方面原因：一是上海冈身以东地域成陆较晚，早期属于滩涂和沼泽地时，地基承载力不足，穿斗式半砖填充墙结构的民居更为轻巧，便于因地制宜；二是上海地处濒海地区，为了抵御台风和暴雨，双坡绞接的屋顶压低屋面标高，有利于减少受风面积、抵御各种风向的外力和快速排放雨水；三是防止海盗、倭寇和水火帮等胡匪的侵扰，围合的民居更为安全。

绞圈房是上海地区农耕社会文化的产物，主要出现在沿海地区，屋主以农民、盐民、渔民等为主。它四面有房、绞圈而建、左右对称、庭心居中，拥有瓦当与滴水、饿篱笆、腰闼门、墙门间等特色构件，独具匠心。整个建筑呈一个颇具美感的巨大米斗状，象征家族日进斗米、兴旺发达。总体布置大多前有小河，后有竹林，便于农田灌溉和水上运输，粉墙黛瓦，富有乡土气息。

1.1.3 文化价值

文化价值依托于人，浦东先民在此生产生活，由此形成富有特色的地域文化。浦东乡村地区保留了许多独具特色的匠作流派、乡风民俗、文学艺术、饮食节庆等非物质文化遗产，并有 83 项已列入国家级、市级和区级非物质文化遗产名录。例如，锣鼓书起源于汉末晋初，内容多为史略传记、劝人为善等，2006 年浦东的锣鼓书被列入首批国家级非物质文化遗产名录，传承基地在新场镇和大团镇。浦东派传统音乐琵琶艺术的创始人为浦东南汇人鞠士林（约 1793—1874），并一直传承至当代，以林石城（1922—2005）先生为代表的浦东派琵琶是当代中国主要的琵琶艺术流派，2008 年被列入第二批国家级非物质文化遗产名录，传承基地在康桥镇、新场镇和惠南镇，康桥镇横河村仍保留有林石城故居。又如，乡村地区人们为日常生活需要而砌灶，为追求美好事物而画灶花，为表达信仰、祈求平安而祭灶，并通过精湛的制作技术、约定的时节、传统的风俗习惯和百年来流传下来的仪式加以固化，由此形成一套完整的灶文化习俗。2019 年，灶文化被列入第七批浦东新区非物质文化遗产名录，保护单位为书院镇文化服务中心。调研发现，浦东乡村保留了许多有特色的灶头和灶花。

1.1.4 人口特征

乡村地区是承载城市外来人口的重要补充空间，尤其是紧邻中心城区、邻近产业园区的农村，成为外来就业人口的主要聚集地。从人口总量来看，2020 年浦东村域户籍人口总数约 97 万人，实有人口达 154 万人，外来人口占总人口的比重约 37%。浦东村域来沪人员分布格局图，可反映外环线附近的外来人口更为集聚。从年龄结构来看，20 ～ 60 岁年龄段实有人口数明显大于户籍人口，且男性比女性更为明显，这说明外来人口以青壮年劳动力为主。因此，乡村地区不仅具有独特的生态、景观和文化价值，还为城市发展作出贡献。

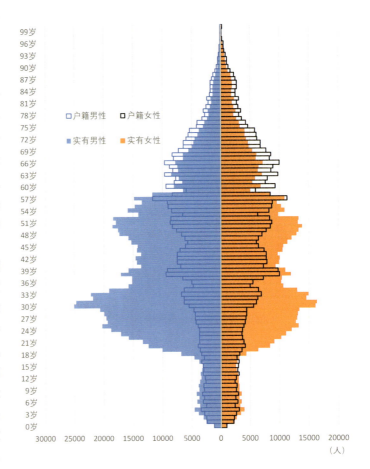

浦东村域人口金字塔图（2020年）

浦东非物质文化遗产名录（截至 2023 年）

类型	国家级	市级	区级
传统美术	上海绒绣（1）	石雕、灶花、瓷刻、微型明清家具制作技艺、海派盆景技艺（5）	浦东剪纸、海派玉雕（炉瓶器皿）（2）
传统舞蹈	龙舞（浦东绕龙灯）（1）	卖盐茶、打莲湘、花篮灯舞（3）	打莲花（1）
传统音乐	上海港码头号子、琵琶艺术（浦东派）（2）	江南丝竹、浦东山歌（2）	
曲艺	锣鼓书、浦东说书、浦东宣卷（3）	上海说唱（1）	
传统技艺	钱万隆酱油酿造工艺（1）	三林刺绣技艺、高桥松饼制作技艺、下沙烧卖制作技艺、三阳泰糕点制作技艺、本帮菜肴传统烹饪技艺、兰花栽培技艺、手工织带技艺、古船模型制作技艺、芦苇编织、杆秤制作技艺（10）	肉皮汤制作工艺、龙潭竹篮、三林本帮菜、浦东土布纺织技艺、三林酱菜制作技艺、三林崩瓜栽培技艺、三林标布纺织技艺、浦东三角粽制作技艺、龙潭酒酿制作技艺、渔具制作和捕捞技艺、传统凿纸技艺、醉螃蜞制作技艺、灶台砌筑技艺、凤露水蜜桃栽培技艺、老桥头酥式月饼制作技艺、牛肚咸菜制作技艺、盐仓水晶年糕制作技艺、周浦羊肉制作技艺、浦东木雕、三林塘肉皮制作技艺、江南传统民居木作技艺、高桥建筑营造技艺、二胡制作技艺、绞圈房营造技艺、芦苇编织技艺、高桥传统糕点制作技艺（26）
传统戏剧		沪剧（1）	
民间文学		浦东地区哭嫁哭丧歌、川沙民间故事、曹路民间故事（3）	浦东灯谜、浦东山歌、书院故事（3）
传统体育、游艺与杂技		鸟哨、海派魔术、叶传太极拳（3）	季家武术、华拳（2）
传统医药		张氏风科疗法、杨氏针灸疗法、益大中药饮片炮制技艺、顾氏喉科喉吹药制作技艺（4）	胡氏中医妇科疗法、张氏整脊疗法、顾氏中医疗法（3）
民俗		"三月半"圣堂庙会、三林老街民俗仪式（2）	新场"三月廿八"民俗庙会、灶文化、浦东端午习俗、浦东喜庆剪纸习俗（4）

注：括号中数字为该等级非物质文化遗产数量。

1.2 空间格局

以水系为主要框架，结合自然地理边界和调研普查实证分析，上海乡土空间可以分成六类最具特色、最具识别度的区域地貌特征，分别为：湖沼荡田、曲水泾浜、河口沙岛、滨海港塘、泾河低地和九峰三泖。以"六域"分区为基底勾绘乡村景观"六境"画卷，分别为"江南水乡的天然胜境、烟波浩渺的山水画境、湾塘绕村的田园佳境、河港交错的原野妙境、有机自然的海塘生境和广袤疏朗的海岛意境"，构建上海乡村特色风貌总体结构和意象。

六类地貌特征区域又可细分成十二类不同的乡村风貌肌理形态片区，分别为：珠链、纤网、星络、鱼脊、螺纹、横波、年轮、羽扇、川流、疏枝、棋盘和峰泖型分区意象。各异的乡村风貌见证了上海的自然演变、农业生产、交通运输和城乡发展，是贯穿上海地区从水乡到都市这一变化过程的主线。

浦东属于滨海港塘域片，其内部也存在一定异质性。一方面，从成陆过程来看，浦东地区海岸线随着泥沙淤积和历朝历代修筑海塘不断往东拓展。例如，1700年前岸线还在

北蔡—周浦—下沙沿线；1000年前岸线在黄家湾—川沙—南汇—大团沿线；600年前岸线在白龙港—马厂沿线。成陆时间差异较大，土壤条件不同，导致生产生活方式和文化特征存在差异。另一方面，从文化特征来看，浦东地区的不同区域受外来文化影响程度不同，中北部地区距离浦西更近，受西方文化影响相对南部可能更为明显，导致地域文化存在差异。

结合调研发现，根据地域文化特征可将浦东乡村地区分为四个次分区：北部片区、近郊片区、中部片区和临港片区。

上海乡村风貌空间结构图（《上海特色村落风貌保护传承专项规划》）

1.2.1 北部片区

主要包括高桥、高东、高行、合庆、曹路、金桥等镇和唐镇。该片区为黄浦江和长江所环绕，毗邻吴淞江口，与浦西较为接近，文化上混合了邻江近海的沙船海港文化、明清街坊为代表的江南文化、近代建筑为代表的海派文化。同时，该区紧扼吴淞江口，历朝历代也修筑了较多炮台。

1.2.2 近郊片区

主要包括三林、北蔡、张江、康桥、周浦等镇和川沙新镇。该片区过去是川沙县的政治、经济和文化中心，形成多个商铺云集的老街集镇，各种中西风格的历史建筑在此交相辉映。以川沙新镇为例，该镇拥有460余年筑城史和200多年建县史，曾是浦东地区长期的经济和文化中心。古镇核心区内既有江南传统民居，也有花园洋房和石库门，展现了上海老城厢的风貌，具有中西合璧的特色。

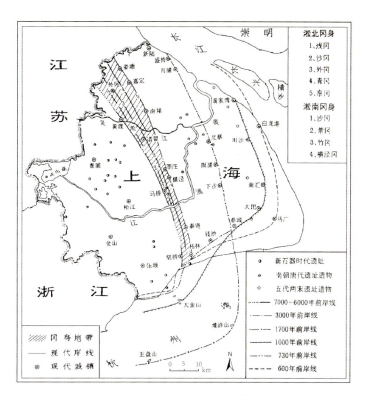

上海地区成陆过程（张修桂《上海浦东地区成陆过程辨析》）

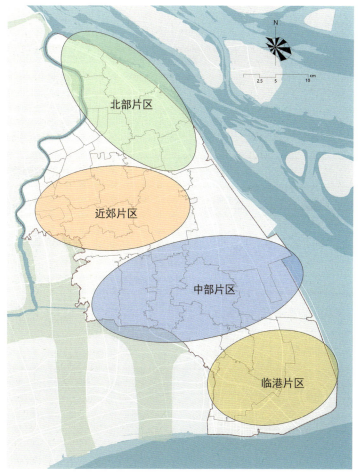

浦东乡村风貌分区

1.2.3 中部片区

主要包括祝桥、航头、新场、宣桥、惠南、老港、大团等镇。该片区因盐而兴，伴随着盐业生产，从南宋开始至清朝中叶，相继形成航头下沙、新场和大团等集镇，集镇风貌和空间肌理仍保留至今。同时，也留下诸多与盐业生产相关的地名，如以"灶"（盐业生产的基本单元）命名的三灶、六灶、七灶等；以"团"（盐场下辖的生产和行政单位）命名的大团、六团等；以"港"（水路运盐的东西向河道）命名的盐船港、六灶港等；以"仓"（储存盐的仓库）命名的盐仓；以"甲"（清代将对灶丁的管理由团灶制改为团甲制）命名的三甲港等，反映出当地的制盐历史。长期的盐业生产运输方式也使该片区形成典型的灶港盐田乡村风貌。

1.2.4 临港片区

临港片区主要包括泥城、万祥、书院等镇和南汇新城镇。该片区成陆时间最晚，早期一直是沿海滩涂，不宜居住，一直到清朝中晚期陆续有百姓前来筑堤围垦，开展农业生产，陆续形成集镇。相对其他片区，临港片区传统民居建筑相对较少，以农耕文化和近代的红色文化为主。

四大片区主要特征比较

片区	面积（平方公里）	2022年常住人口（万人）	历史文化风貌区	水文地貌特征	文化特征
北部片区	242	115.69	高桥老街	三高地区水网稀疏	沙船海港文化、江南文化、海派文化
近郊片区	284	177.73	川沙中市街、横沔老街、六灶港	纵横交织	江南文化
中部片区	502	109.20	航头下沙老街、新场、大团北大街	横港纵塘	盐文化、海派文化
临港片区	289	45.19		南北向骨干河与东西向支河，年轮状外扩	海洋文化、红色文化

1.3　民居风貌特征

1.3.1　江南水乡肌理

浦东的盐业生产始于唐末，由此形成横向宽阔的灶港和纵向盐塘交织的水网格局；明朝中后期逐步开展农业生产，并大量修筑灌溉所需的海塘和河塘，二者共同造就现今浦东地区的农田水系格局。浦东水道密布、大小河道纵横交织，拥有江、河、湖、港、沔、泾、浜、塘等多种水文地形，是构成乡村肌理的骨架。村民枕水而居，形成聚落，并在附近开展农业生产，继而修筑桥梁、建造寺庙、竖立石碑等，共同构成乡村肌理，形成特色乡村风貌。

例如，周浦镇棋杆村东西向被六灶港和七灶港贯通，南北向由旗杆河及多条生活性河道联系，南侧林地集中成片分布，中部农田与河网交织，河荡密布，水网纵横，民居沿河分布。

如祝桥镇星火村被川南奉公路和上海绕城高速切割成三个部分，西部聚落组团呈散落的团块布局，建筑群体沿南北向钦公塘和红楼河呈鱼骨状排列或组团散落布局；中部组团围绕南北向红桥河呈鱼骨状排列，道路和水系构成村域空间的骨架；东部组团以农林用地为主。

川沙新镇纯新村的江南水乡特征明显，村落逐水临路，依田而居，呈现一水、两宅、三林、四田的整体格局。

张江镇环东村大致分为南部、中部、北部三块。南部为农业大棚蔬菜种植区，中部为村宅集中分布区，北部为产业园区。村域河渠纵横交错，民居沿河分布。西侧因邻外环高速，依附村落内南北向的河流分布有环城绿带。桥弄里风貌保护区两水（三灶港与丰收河）相夹、以水贯通，村落被河道包围，具有典型的宅田相间、水路相依、林田交织的江南水乡肌理。

部分村庄林田水宅部分要素不全，呈现独特的乡域空间。比如川沙新镇栏杆村水道密布，共有河道83条，唐黄路南北向穿过村域，域内已无耕地，全部为林地，民居沿河呈团状散落分布，呈现出林、水、宅交织的景观。与此类似的是，大团镇赵桥村和果园村等村落，沿东大公路种植大量桃花，形成十里桃花春季美景。

此外，浦东滨江临海，三面环水，易受台风、暴雨、海潮等自然灾害侵袭，历朝历代修筑了诸多海塘以抵御风暴潮侵袭，如唐宋时期的古捍海塘、老护塘，明清时期的钦公塘、彭公塘，1950年代初的人民塘等。海塘是浦东成陆的见证，也影响乡村聚落的形成和肌理特征。以唐镇小湾村为例，该村因老护塘塘身在此略向北转弯而得名。老护塘筑成后，塘东的大片海滩迅速成陆，依塘为市的小湾便成为沿海往来之衢路。尤其是钦公塘筑成后，海岸线东移，在小湾东侧形成合庆、青墩、蔡路和诸码头，待这些地方成为人群聚居地后，小湾便成为南来北往、东西通达的交会点，并形成繁荣的小湾镇街市，有米行、布庄、药店、榨油坊、轧米厂、木行等诸多店铺。浦东运河开凿后，东西运盐河船只减少，又因乡办企业集中于王港镇附近，小湾镇街市逐渐冷清。如今，小湾村老街形态依旧，且仍保留诸多历史建筑，如区公所、报恩桥、重庆桥等。又如，合庆镇勤奋村被人民塘南北纵向穿过，该村在人民塘一侧仍保留了部分民居建筑，反映当时修筑工人依塘而居的历史。

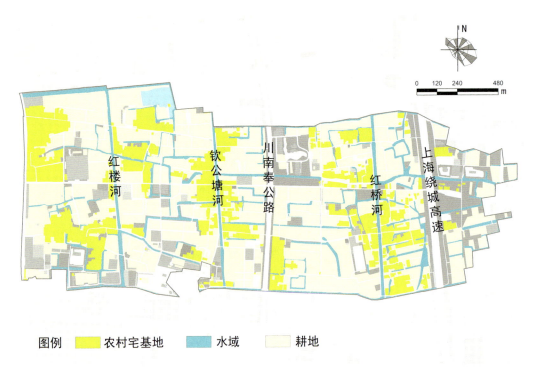

图例　■ 农村宅基地　■ 水域　□ 耕地

祝桥镇星火村空间肌理

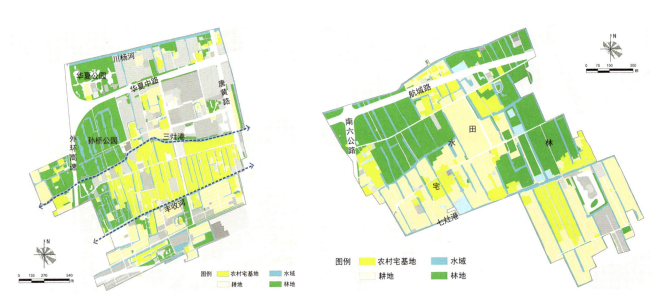

张江镇环东村空间肌理

川沙新镇纯新村空间肌理

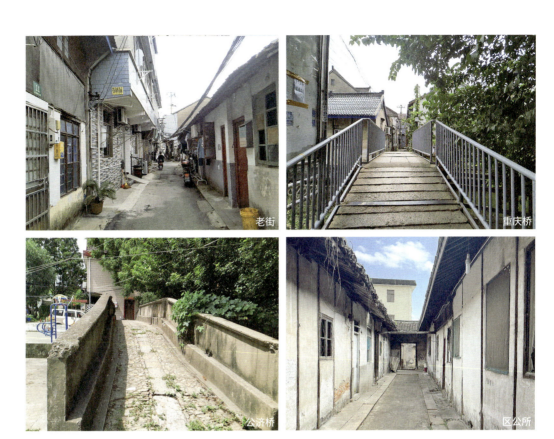

唐镇小湾村 (2023年9月赖志勇、张正秋摄)

合庆镇勤奋村人民塘附近部分民居建筑 (2023年8月赖志勇摄)

1.3.2 传统民居布局

自 1990 年浦东开发开放以来，浦东城市化进程加速，各类开发区和产业园区陆续设立，高楼大厦拔地而起，城市面貌日新月异。经过 30 多年的开发建设，浦东已从一片阡陌纵横的乡野发展成为一片外向型、多功能、现代化的新城区。随着人民生活水平提升，乡村地区原有传统民宅多被拆除或者翻建，现有民宅基本以 20 世纪八九十年代以后新建的两层小楼房为主。目前，乡村地区仍保留部分具有上海本土特征的传统民居和村落，但大多零散分布，仅有少部分相对成片集聚。

以绞圈房为例，调研发现多处绞圈房，分布较广，除临港四镇外，浦东从南到北几乎都有分布，但主要集中在南部地区，以零散分布为主，成片绞圈房聚落非常少见。例如，周浦镇棋杆村内保留有顾氏老宅和张家老宅等绞圈房，二者都是临河布置，但其周围基本都是 1990 年以后新建的两层小楼房。又如，张江镇中心村保留的艾氏民宅，现存大小房屋 27 间，由东西两个四合院组成，是浦东地区罕见的双绞圈房，东面和北面都临河，但南面和西面为厂房、独栋联排小区，依旧是零散分布。其余，如航头镇王楼村傅雷故居、祝桥镇邓三村张闻天故居都属于典型的绞圈房，周围已全是现代化民居。

上海市文物部门根据排摸情况，曾将浦东新区 15 处较为典型的绞圈房，公布为文物保护点及文物保护单位，主要分布于浦东南部地区。上海市房屋管理局 2020 年曾对全市绞圈房进行排查，浦东共有 29 处，其中 19 处为优秀历史建筑或市、区文物保护单位和保护点。浦东新区规划和自然资源局对全区各街镇绞圈房进行排查，共有 62 处，21 处为优秀历史建筑或区级文物保护单位、文保点。三次排摸的绞圈房共有 50 处列为优秀历史建筑或市、区文物保护单位和保护点。

三林镇临江村筠溪小镇不同年代影像图对比

新场古镇范围内绞圈房较为集中，形成明显的绞圈房群落，例如叶氏花行、胡桂清宅、江倬云宅、郑少云宅、张沛君宅、郑绍康宅等，总计有 20 余处，主要位于新场大街和洪西街。

此外，三林镇临江村筠溪小镇曾经为典型的绞圈房聚落，但随着时代变迁，原有建筑逐渐破旧，不符合现代生活需求，大部分绞圈房被拆除或翻建，仅残留部分，与 20 世纪八九十年代翻建的民居混合存在，且形态不够完整。例如，庞信隆 20 号为建于明末清初的

三林镇临江村筠溪小镇不同年代影像图对比

绞圈房，庞松舟（1887—1990）幼时在此生活。目前前埭保留墙门间，后埭保留有客堂、东次间和落檐，两侧保留东厢北段和西厢，其余部位新建两层建筑。但筠溪小镇仍保留原有的老街肌理和风貌，建筑沿筠溪老街两侧呈"一"字形布置，与老街垂直的街巷以及鱼骨状的肌理基本整体保存不变，过街楼等部分典型传统建筑也得以保留。

浦东新区绞圈房分布

名称	地址	建造时间	完损情况	保护情况
叶氏花行	洪西街120号	清光绪	完好	区文保点
江倬云宅	洪西街106号	清末民初	完好	
唐氏宅 老警察局	洪西街69号	民初	完好	区文保点
胡桂清宅	洪东街64号	民初	较完好	区文保点
第一茶楼	新场大街424号	清同治	完好	市文物保护单位
信隆典当	新场大街367号	清光绪	完好	市文物保护单位
郑少云宅	新场大街301号	民国初年	完好	区文保点
张沛君宅	新场大街303号	清初	完好	区文保点
郑绍康宅	新场大街350号	清末	完好	区文保点
李锦章宅	新场大街267号	清代	较完好	
张氏宅邸	新场大街271号	清光绪	较完好	区文物保护单位
黄振如宅	新场大街263弄	清初	一般	
郑氏新宅	新场大街190号	清末	完好	区文保点
王和生宅	新场大街195号	民初	较完好	区文保点
杨家厅	新场大街131号	明代	一般	区文保点
方大复宅	新场大街284弄	明代	一般	
嘉乐堂	新场大街260号	清光绪二十二年（1896）	一般	区文保点
朱氏老宅	新场大街95号	明代	一般	
朱正源宅	新场大街71号	清同治六年（1866）	一般	区文保点
毕万石宅	新场大街35号	清初	一般	

新场古镇范围内绞圈房

1.3.3 特色绞圈房

浦东的绞圈房数量较多，已有 50 处列入上海市优秀历史建筑或市、区文物保护单位和保护点。对于文物保护单位，相关镇、村按照有关文物保护规定，定期巡查，协调制订维修方案，开展修缮，但保存情况总体较为一般。

目前，有部分绞圈房形态和功能保留较为完好，且得到较好的修缮，如周浦镇棋杆村顾家宅、张江艾氏民宅、航头镇王楼村傅雷故居、祝桥邓三村张闻天故居等。其中，顾家宅建成已近 200 年，形态保留非常完整。近期在保留原始建筑特征基础上得到良好修缮，正由村委整体规划打造，计划年底向公众开放。艾氏民宅整体保护状况一般，较为破旧，

但双绞圈形态非常完整。傅雷故居和张闻天故居作为名人故居都得到良好的修缮和保留，并对外开放。

大部分绞圈房亟待修缮和活化。例如高桥镇凌桥村范氏宅已列为区级文保点，但保存状况欠佳，主要表现为外墙风化剥落严重，部分屋顶和墙体已坍塌。该建筑为私人所有，屋主有自行修缮意愿，但因难以达到文保点修缮标准而无法开展，导致建筑空置。

未列入保护的绞圈房，多为业主私有产权，现状为自住、出租或闲置，主要由业主自行维护，缺乏有效指导，房屋保存状况较差。调研中发现多处这种状况的绞圈房。如唐镇前

形态和功能保留较为完好的绞圈房（2023年8月苏婉、杨崛、赖志勇摄）

高桥镇凌桥村范氏宅保存现状（2023年9月赖志勇摄）

部分保留状况欠佳的绞圈房（2023年8月赖志勇摄）

进村一处百年绞圈房，绞圈形态不完整、部分破损后用现代材质维修，整体较为破败，现对外出租。又如，川沙新镇栏杆村徐家宅一处绞圈房，四面绞圈仅余三面，部分屋顶用现代建筑材料维修过，整体保存状况一般，现亦为对外出租。再如，航头镇牌楼村一处"L"形老房，南面部分墙体拆除后屋主翻建成两层新房，保留了南面部分墙体和西面墙体，现处于空置状态。

1.3.4 混合分布格局

浦东现存高桥老街、川沙中市街、新场、大团北大街、航头下沙老街、横沔老街、六灶港等七个历史文化风貌区和多条特色老街。从行政管辖角度，其中部分风貌区或老街属于居委，部分属于村，或者是村与居委混杂的状态，在管理上需要厘清权责关系。

例如，康桥镇沔青村位于镇域东北角、横沔港与盐船港交叉口，街巷整体保持水乡特色和清末民初风貌。在交通以水路为主的年代，该地水陆交通便利，是重要的商品集散地，由此形成横沔老街，并确定为横沔历史文化风貌区。老街保留了多处清末民初时期建筑，如翊园、华氏宅，第等。翊园是典型的江南园林，其中仅挂牌保护的古树名木就有25棵；街巷中，路网交错；区域内四条主要道路（河西街、中大街、庙场街、花园街）环绕，是当年繁华的街市；民居前街后河，枕河而居，傍河依水、小街盘曲的聚落布局，江南水乡特色浓郁。

又如，川沙新镇鹿溪村村域范围有一处老街——向学街，其位于六灶港历史文化风貌区范围内，而六灶港风貌区范围横跨其成村、鹿溪村和鹿城居委。向学街历史上商铺云集，两侧的传统商业建筑、宗教建筑较有特色，保存相对完整，是六灶传统商业文化的展示地。再

如，新场镇新场村位于镇域南部，与新场镇区的北大、工农和南大等居委融为一体，呈现"农夹居、居夹农"的状态，且与新场历史文化风貌区的范围相互交错、重叠。

1.3.5 多元文化融合

近代以来，因航运商贸经济发展，浦东受外来文化影响较多，部分传统建筑在江南水乡民居风格基础上兼容并蓄，杂糅各地的建筑元素，呈现中西合璧的风格。例如，建于20世纪30年代初，位于高桥镇的特色老建筑"仰贤堂"就是中西合璧的砖木结构建筑，从正面看似中式宅院，从背面隔河观望又具有西式别墅风格。川沙老街、新场古镇等也有诸多中西合璧的建筑。以新场古镇的张厅为例，大门形制明显呈现出中西合璧特点，门柱是具有欧洲风格的雕花石刻立柱，门柱上部则是标准的中式风格。又如，康桥镇沔青村内的翊园兴建于1921年，园主为南汇横沔人，原系犹太人哈同的管家，回乡后，在横沔镇东仿效哈同花园格式建成翊园，为中西合璧的园林建筑特色。

此外，伴随着西方文化的传播，教堂也在广大乡村地区落地生根，影响着乡村的景观和村民的生产生活方式。比如北蔡镇五星村南黄天主堂、川沙新镇纯新村七灶天主堂、宣桥镇三灶施家天主堂、祝桥镇祝西村耶稣堂和星火村六墩天主堂。其中，纯新村、三灶村和星火村三处教堂沿用同一套设计图纸，形制非常接近。三个村庄的分布呈三角态势，相互之间距离约6～9公里，可充分反映宗教文化在乡村地区的传播过程。

川沙纯新村七灶天主堂

宣桥三灶村施家天主堂

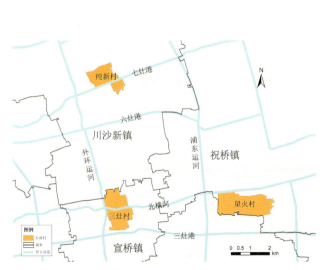

纯新村、三灶村和星火村空间关系

祝桥星火村六墩天主堂

三处形制相似的教堂（2023年8月田景华、陈琳、赖志勇摄）

1.4 建筑特征

绞圈房是上海独具特色的民居建筑形式，曾在上海县老城厢以外的郊区分布较为广泛。随着城市化的发展，很多绞圈房已被拆除，现在浦东新区村落中仍保留若干栋形态完整的具备上海本土特征的绞圈房传统民居，典型的如周浦镇棋杆村顾氏老宅和张家老宅、张江镇中心村艾氏民宅、航头镇王楼村傅雷故居等。这几处建筑均有一两百年历史，其中顾氏老宅始建于1830年，于2021年重新修缮；张家老宅始建于清末民初；艾氏民宅始建于1842年；傅雷故居始建于清末，于2018年重新修缮。其中，张家老宅和艾氏民宅旧貌仍保存完整。

1.4.1 平面布局

绞圈房可以理解为较为宽大的四合院，其正屋、厢房、门房等建筑物首尾相连，形成"回"字形。"绞"即当地对该种屋面结构做法的称呼，"绞圈"即将屋面形成一个圈。大部分绞圈房，其前埭有五间房子，居中一间叫"墙门间"，左右各连一间"次间"，次间左右又各连一间，叫"落檐（落叶）"。后埭也平列五间房子，中间一间叫"客堂"。前后落檐之间由厢房相连，在墙门间和客堂之间为庭心。

1.4.2 材质色彩

绞圈房的骨架是全木结构，采用榫卯衔接的结构有很强的抗震性。外立面的墙体与门窗都有别于庭院内部。外立面墙体除了部分由青砖纸筋灰砌筑，多为竹枪篱或者护壁篱；庭院内墙面多为纸筋灰。外立面门窗多为木板支窗，内庭院为蠡壳窗。绞圈房色彩质朴淡雅，屋面黛瓦，墙面青砖粉墙。木结构、门窗框、护壁篱保持着木材的原色。

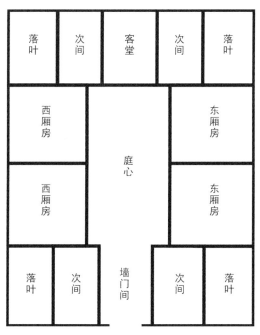

绞圈房平面布局示意图（《上海绞圈房揭秘：真正的本地老房子》）

1.4.3 细部构造

绞圈房子所用的瓦是小青瓦,瓦当一般雕刻着"凤戏牡丹""圆寿"的图案,精致的滴水常展现"二龙戏珠""四蝠捧寿"等图案。仪门开在天井内,只有房内的人才看得见,或精美,或简洁,样式颇为丰富。铺地是江南传统建筑的特色技艺之一,也是江南农村传统民居特色之一。乡村常以条砖仄砌铺地,图案以席纹、九宫格为主,也有颜色、图案华丽的地插花与花岗石板铺地。门窗多为传统木槅扇形式,宅院内客堂间入口为形制完好的内开蠡壳长窗,窗格内采用白色薄蚌壳,镶嵌通常极其规整和严格。

绞圈房材质色彩(2023年8月赖志勇摄)

绞圈房材质色彩（2023年8月赖志勇摄）

高桥镇凌桥村、龙叶村（2023 年 8 月杨崎摄）

02

北 部 片 区

高	桥	镇
高	东	镇
高	行	镇
曹	路	镇
合	庆	镇
唐		镇
金	桥	镇

北部片区为黄浦江和长江环绕，邻吴淞江口，主要包括高桥、高东、高行、曹路、金桥、合庆和唐镇七镇，面积约242平方公里，2022年常住人口约115.69万人。

该片区在唐代即已成陆，北宋时已有先民临河聚居，当时主要以耕作捕鱼为生，兼以晒盐、制盐为业，长江口以南的第一座盐场为高桥的清浦盐场。

元朝初期，因承担南粮北运的大运河越来越拥堵，转而从海上把江浙地区的粮食北运。海运逐步取代陆运和河运，成为中国漕运史上划时代的重大事件。自海运开通后，北部片区因临江近海的地理优势，先民们皆习水性，能驾船驭海，元明时期逐渐以航海为业。该片区现存的明代所建的永乐御碑、老宝山城均和郑和下西洋有关，多处妈祖庙也反映出海运事业的兴旺发展。

明清时期，随着黄道婆纺织技术的传播，北部片区先民逐渐以棉纺织为业，家家纺纱，户户织布，到处设有经布场。由上海沙船运往北方的货物起初是米粮和南货，后来又有上海产的土布。其时高桥土布风行全国，至1949年前仍有多家布厂、布庄和染坊。

从唐宋时期渔盐业到元明时期航海业，再到明清时期纺织业和20世纪上半叶的营造业，不同的生产生活方式下，该片区形成多样的地域风貌和文化特征。

相较浦东其他地区，北部片区水网密度相对偏低，尤其是高行、高东和金桥镇，支流非常少。从村域空间和聚落形态来看：高行、高东和金桥城镇化较为明显，保留村域不多；高桥镇呈现非常典型的聚落沿河两岸呈带状分布形态，曹路、合庆和唐镇则有带状、块状、团状等多种形态。

北部地区随着盐业、航运业等发展，形成一大批聚落和集镇，尤以高桥古镇最为典型。高桥古镇拥有800多年历史，是浦东历史上的四大名镇之一，号称"万里长江第一镇"。相比上海地区其他水乡古镇，高桥古镇因海而生，因海而兴，见证了长江口千年来的历史变迁，众多海塘、海防、海运、海盐、海滨等古迹遗存，让当地具有独特的江海文化特征。

上海开埠后，北部片区作为邻近上海市区的港口，受到西方思想和外来文化的影响，留有上海开埠最早的城市烙印。其时，人们多从事泥木匠、餐饮等行业，高桥地区的"一把泥刀"红遍上海，走向全国，并由此产生了一批如周瑞庭（1869—1949）、谢秉衡（1885—1966）等著名的营造商，在上海和全国营造了诸多近代著名建筑，如外滩三分之一的大楼，旧中国"四大家族"中蒋、宋、孔的别墅等，成为闻名海上的营造之乡。时至今日，北部地区仍保留较多结构精良、中西合璧的私人宅邸，如杜月笙家祠、仰贤堂、钟氏民宅等。

北部片区保留了较多的非物质文化遗产，如国家级非物质文化遗产项目上海绒绣；市级非物质文化遗产项目高桥松饼制作技艺、本帮菜肴传统烹饪技艺、叶传太极拳、曹路民间故事、花篮灯舞等。

北部片区范围图

2.1　高桥镇

高桥镇地处上海市浦东新区北隅，东与高东镇毗邻，南以航津路与高行镇分界，西濒黄浦江，北临长江口，总面积39.02平方公里。2022年常住人口约20.16万人。截至2023年底，下辖13个村民委员会、35个居民委员会。

　　高桥一名清溪，原为渔村荒滩，自北宋衰落，中原望族为避战乱，南渡居此者颇多。于是屯垦开发，捍海自卫，农桑即兴，市集渐成。自北宋建隆元年（960）起，高桥乃隶昆山县。南宋建炎三年（1129）始建临江乡，为高桥建置之始。南宋嘉定十年（1217）起，乃隶嘉定县。清雍正二年（1724）设依仁乡，仍隶嘉定县。雍正三年（1725），析嘉定东境之宝山县，高桥隶之。乾隆二十四年（1759），始设分防驻镇，县公设高桥城隍行宫东南义王弄。宣统二年（1910）始设高桥乡，仍隶宝山县。1928年设高桥区，隶上海特别市。

高桥镇空间格局鸟瞰（2023年9月杨崛摄）

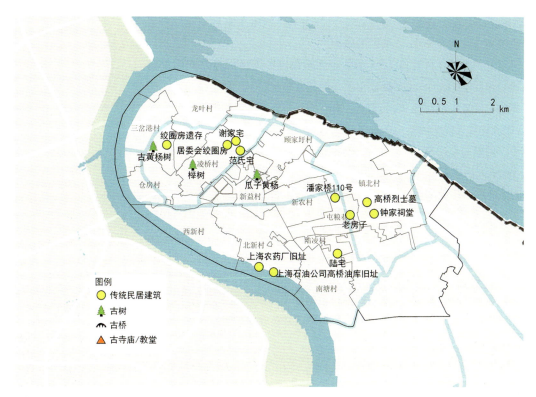

高桥镇风貌要素汇总图

1937 年日伪时期，隶上海特别市浦东北区，称"高桥镇"。1945—1949 年，改三十一区，隶上海市，辖区南至西沟，东至高东，北至凌桥。1949 年 5 月 26 日高桥解放，隶属上海市，设高桥区。1956 年 1 月建东郊区，改东郊区海滨乡。1958 年 9 月，隶浦东县东风人民公社，后改高桥人民公社。1959 年 6 月，改海滨人民公社。1960 年 11 月，改称"高桥人民公社"，先隶浦东县，后隶川沙县。1984 年 3 月，恢复乡制，称"高桥乡"。1996 年 10 月为浦东新区外高桥镇。1998 年 10 月，撤外高桥镇、原高桥镇，建高桥镇。2000 年 6 月，撤原高桥镇、凌桥镇，组建高桥镇。

高桥是中国历史文化名镇，境内有市级文物保护单位 2 处，市级滨江森林公园 1 处。明永乐十年（1412），漕运总督陈瑄（1365—1433）奉命在高桥地区筑一座高三十余丈，方各百丈土山，上设烽，白天举烟，晚上明火，为中国最早航标。永乐帝赐名"宝山"，并亲笔撰文，刻石立碑，称"永乐御碑"。高桥的主要风景区有滨江森林公园，可观黄浦江、长江、东海三水交汇（俗称"三夹水"）的自然景观。高桥古镇老街是一条以明清建筑风格为主的商业街，在已修缮的优秀历史建筑内，先后开设高桥历史陈列馆、高桥绒绣馆、高桥人家陈列馆、钱慧安纪念馆（暨浦东中国画院、高桥书画院）等展览场馆，全年免费向公众开放。

调研发现，高桥镇水系如螺纹状分布，乡村聚落沿河两岸呈典型的带状分布，仍保留多处传统民居建筑、古树和古桥等，如谢家宅、范氏宅、钟家祠堂等，村庄空间肌理和传统风貌保存较好的村庄主要有三岔港村、西新村等。

2.1.1 三岔港村

三岔港村位于高桥镇最北端方向，东靠龙叶村，南接仓房村，西临黄浦江，北靠长江口，是长江、黄浦江、蕰藻浜汇流之处。村域面积 270 公顷，自然村 1 个，村民小组 6 个。村域常住人口 4908 人，男性 3122 人，女性 1786 人；户籍人口 2410 人，外来人口 2498 人，主要来自山东省枣庄市、河南省周口市。60 岁以上人口 1801 人，常住人口老龄化率为 36.7%。村民主要就业行业为运输业、制造业等。

三岔港渡口又有浦江第一渡之称，延续至今已有 380 余年历史。

村域内河网密布，腹地有大片林地。民宅多沿域内河网周边分布，西侧浦江沿岸为滩涂和物流仓储用地，三岔港渡口可连接对岸宝山吴淞渡口，北侧的上海公安学院占地 600

亩（40 公顷）左右。村域未来规划建成三岔港楔形绿地。

居住组团多沿域内河道或道路两侧呈鱼骨状布局，主要分布于丁家浜路、江东路、唐家宅路—秦家宅路两侧。建筑组团多为"一"字形成排或点状错落布局。

三岔港村民宅总体以 20 世纪 70—90 年代风格为主。建筑布局多为"一"字形，少量"L"形或其他形态；砖结构或砖木结构为主；1～3 层，硬山顶为主，山墙面常见西式风格山花装饰，近年屋顶改造后多简化为"人"字形；外墙立面常见水刷石或瓷砖装饰。

据村民描述，三岔港村丁家浜 24 号院内有一棵百年黄杨；三岔港村陆家宅 18 号对面以及唐家宅路路口各有一座碉堡。

三岔港村空间格局鸟瞰（2023年7月杨崛摄）

高桥镇三岔港村不同年代影像图对比

三岔港村空间肌理

三岔港渡口旧影（"图溯上海"公众号）

三岔港村特色民宅（2023年9月孙凡摄）

三岔港村内历史遗存（2023年9月孙凡摄）

2.1.2 西新村

西新村位于高桥镇西部，东靠北新村，北接新益村和仓房村，西面和南面临黄浦江。村域面积 183 公顷，包含草镇、高沙滩、大圩、尖角圩 4 个自然村落，8 个村民小组。村域常住人口 5121 人，男性 3028 人，女性 2093 人；户籍人口 2489 人，外来人口 3361 人，主要来自安徽省六安市、安徽省淮南市。60 岁以上人口 852 人，常住人口老龄化率为 16.6%。村民主要就业行业包括物流业、制造业等。2022 年村内主导产业为第三产业，村集体可支配收入 710.69 万元；村民人均年收入 3 万元，其中非农收入占比 100%。

村域内共有河流 5 条、一横四纵，宽度约 6～10 米，湖荡（坑塘）2 片，面积约 36～94 平方米；田块（流转面积）尺度约 45.14 公顷。

早在明末清初，西新村作为江心沙的一部分由黄浦江的泥沙沉积成陆。光绪末年，先辈们登陆造田开荒耕种，随着来自各地的灾民和垦殖者的聚集，逐渐生成一个个自然村落，形成西新村的最初面貌。

西新村村宅整体呈组团式分布，部分自然村以点状分散布局，建筑沿水系线形布局，相对比较集中。西新村改造现有的老房子打造"西新文化客厅"。文化客厅面积约 60 平方米，由高桥镇文化服务中心和西新村村委会联手，为村民量身定制，是"乡村民间美食坊"与"非遗传习基地"。在文化客厅里，村民可以欣赏国家级非物质文化遗产项目上海绒绣，还可以动手制作并品尝市级非物质文化遗产项目高桥松饼等各种美食。60 平方米的空间内，展示高桥镇的非遗项目，也配备各种设施设备，同时配合各类文化活动，让村民能够在"文化客厅"感受文化魅力。

西新村空间格局鸟瞰（2023年9月杨崛摄）

2.2　高东镇

高东镇因位于浦东名镇高桥镇东面而得名。地处浦东新区东北部，东临长江口，与崇明区长兴岛、横沙岛隔江相望，南与曹路镇接壤，西南与高行镇毗邻，西北与高桥镇交界，总面积35.16平方公里。2022年常住人口约11.12万人。截至2023年底，下辖11个村民委员会、17个居民委员会。

高东镇由原高东镇和原杨园镇合并而成，两镇以楼下村的"界浜"为界。1928年界浜以北属上海特别市高桥区，界浜以南属川沙县三区、四区所辖。1934年，界浜以南的原杨园地区属徐路、高行两乡。抗日战争时期，两镇又分属高桥镇与川沙县的徐路、高行两乡组成的高昌区。1950年后，徐路、中心、高行、大同四个小乡组建高徐区人民政府，设置高东乡。1951年10月，撤销高东乡，区域建置为沙港、高东、陈家墩三个小乡；高徐区则与龚路区合并，建顾路区人民政府。1956年初，高桥、洋泾、杨思三个区合并，建立东郊区（属上海市）；沙港、高东、陈家墩三个小乡合并成立高东乡。1958年9月，浦东县成立东风、

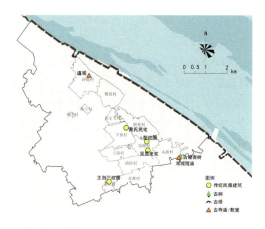

高东镇风貌要素汇总图

高东镇空间格局鸟瞰（2023年9月杨崛摄）

五一、红旗三个公社，高东乡为东风公社的第七（原沙港乡）、第八（原高东乡）、第九（原陈家墩）三个大队。1959 年 4 月，东风人民公社将第七、第八、第九大队合并为高东大队。1959 年 6 月，在原徐路、中心、高行、大同四个小乡的区域建立杨园人民公社；撤销东风人民公社，高东大队建置为"高东人民公社"。1961 年 1 月，浦东县撤销建置，并入川沙县，高东人民公社、杨园人民公社隶属川沙县人民政府。1984 年 3 月、4 月，因政社分设，分别建置杨园乡人民政府、高东乡人民政府。1995 年 12 月，撤乡建镇，分别建置高东镇人民政府、杨园镇人民政府。2000 年 5 月，撤销原高东镇、杨园镇建置，建置今高东镇。

镇域范围内有中国（上海）自由贸易试验区外高桥保税区，高东镇与自贸区同向发展，伴随自贸区开发开放的趋势，持续推进质量提升与发展。

镇域内有海上闻人杜月笙（1888—1951）所建杜家祠堂。1930 年，杜月笙在浦东高桥乡陆家堰购地 3.33 公顷，委托创新营造厂厂主谢秉衡承建杜家祠堂。1931 年又在祠堂后面由久记营造厂建成花园、藏书楼、医务楼、学校等。杜家祠堂规模宏伟，为三进五开间，第二进为正厅，第三进供奉杜氏列宗"神主"牌位，用作客厅、藏书楼和学塾，还有一栋传统风格的家庙。

调研发现，高东镇城镇化水平较高，仅东南部保留部分村庄；水网密度较低，田林宅交织分布。保留的传统民居建筑、古树和古桥等相对较少，主要有川沙历史上第一个人民民主政权的领导人王剑三（1897—1927）的故居、黄氏民宅、海城隍庙等。空间肌理和村庄风貌保存较好的村庄主要有徐路村、永新村等。

2.2.1 徐路村

徐路村位于高东镇东南方向，东靠永新，南邻踊跃，西邻上游，北靠革新。村域面积 80.4 公顷，自然村 1 个，村民小组 5 个。常住人口 1250 人；户籍常住人口 168 人，外来人口 1082 人。60 岁以上人口 95 人，常住人口老龄化率 7.6%。村民主要从事仓储物流等服务产业。村内主导产业为农业和服务业，2022 年村集体可支配收入 406 万；村民年收入 5.5 万元，非农收入占比 80%。主要特色农产品为草莓，年营业收入 80 万元；耕地经营权流转率 100%。村域内共有河流 11 条、七横四纵五交织，宽度约 5～20 米。

1937 年 8 月，日寇从金山卫登陆。12 月，上海沦陷。为了支援抗日武装斗争，1942 年春，党在市区山海关路 51 号筹建新四军地下联络站，俗称"51 号兵站"，负责收集情报和采购各种军需物资。但由于物资走黄浦江，经吴淞口出海，而此处封锁严密，需另行开辟线路。浦东徐路镇地处长江口，又面临东海，镇东的五号沟有一个土码头，可以停靠海船。于是在徐路镇开设"信丰油行"，公开营业并使用该处码头，为 51 号兵站开辟了一条从上海至苏北革命根据地的海上交通线。

51号兵站宣传场地（2023年9月李国文摄）

2.2.2 永新村

永新村原为共新大队,1981 年改为永新大队,1986 年改为永新村。永新村位于高东镇东南端,地处上海市绕城高速公路 (G1503) 以北,建设中的华东路以东,申东路以南,东川公路由北向南贯穿永新村,港绣路从村域中穿过,村域面积 80 公顷。

现有生产队 7 个(另有征而未拆生产队 2 个),常住人口 4290 人;户籍户数 533 户,户籍人口 1555 人,外来人口 2735 人。60 岁以上人口 538 人,常住人口老龄化率为 12.5%。2022 年村资产 2017.44 万元,每年可支配财力 356 万元,村民人均收入 2.9 万元。

提起上海的城隍庙,几乎所有到过上海的人都听说过长江三大庙之一的上海城隍庙,又因紧靠豫园商业区,具备极高的知名度。其实,在上海的许多区域内,都有护佑一方水土的城隍庙,比如川沙城隍庙、朱家角城隍庙、嘉定城隍庙等。而永新村里的这座城隍庙,可谓是上海最孤独的城隍庙。

这座庙虽小,却历史久远。据明弘治《上海县志》卷四中记载,海神庙原建于海岸边,因远离村宅民居,庙主又多病无力打理庙事,上海知县刘宇复于成化十二年(1476)将其迁至现址。20 世纪 50 年代,因修建顾高公路,海城隍庙东西两侧厢房拆除。现在的建筑为 2009 年重修过的。

从公路望去,这座海城隍庙只露出屋顶,屋后有一棵高大的银杏树,主干直径 4 米有余,树高 21 米,树冠周长 22 米,树龄约有 500 年,枝繁叶茂,硕果累累。

永新村空间肌理

进入庙内,只有一排五间大瓦房,院中摆放着燃烧香烛的香炉,此外再无他物。这里常年只有一位老奶奶坚守,香火不甚旺盛。老奶奶八十多岁,据她介绍,以前这座庙宇香火很是旺盛,后来因为拆迁,加上村内老年人陆续去世,来往人流大量减少。而她自己并不住在这里,只是每日前来开门、上香、打扫卫生。在上海众多的城隍庙中,这座庙可谓最为孤独,香客寥寥无几,只有一位老妪常年相伴。

徐路老街（2023年9月李国文摄）

徐路老街建筑（2023年9月李国文摄）

永新村海城隍庙立面（2023年9月陈峰摄）

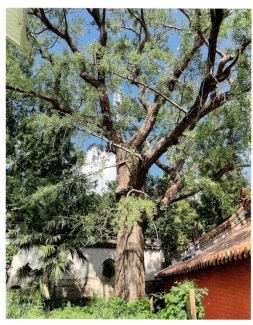

永新村海城隍庙古银杏树（2023年9月陈峰摄）

2.3 高行镇

高行镇，名字由来一说以高姓集居，得名于高家行市；一说因"介于海（东海）浦（黄浦）之间，地势独高"而得名。2001 年 8 月以境内高行集镇命名为高行镇。

高行镇地处上海市浦东新区东北部，东邻高东镇，南与金桥镇、浦兴路街道、沪东新村街道相连，西依黄浦江，北与高桥镇毗邻，总面积 22.85 平方公里。从地图上看，外高桥地区就像一个大拇指横卧在东海之畔，高行镇正处于"金拇指"的核心区域。2022 年常住人口约 15.78 万人。截至 2023 年底，下辖 1 个村民委员会、36 个居民委员会。

高行镇域成陆始于唐宋年间，南境由高行、东沟两个集镇和周边村宅组成；北境高桥港为历史上上海县与宝山县之界浜，界浜南北分称界南与界北。北宋时，境内的南境地区、北境界南地区均属华亭县，北境界北（今镇南村，

即松南）地区隶属昆山县临江乡。南宋嘉定十年十二月（1218 年 1 月），昆山县东境置嘉定县，界北地区属嘉定县临江乡，北宋淳祐年间（1241—1252），临江乡易名依仁。元至元二十九年（1292）春，划华亭县东北境高昌等 5 乡 26 保地置上海县，境内的南境、北境界南地区属上海县高昌乡。明代，南境地区设高行市、东沟市。明洪武元年（1368），高南界南地区改属高行市、东沟市，仍属上海县。明崇祯十七年（1644），改隶属东沟市。清雍正二年（1724），析嘉定县东南境置宝山县，界北地区随依仁乡属宝山县。清康熙九年（1670），宝山县境水灾，次年为赈灾设 9 个施粥厂，并逐渐以厂代乡，管理地方行政事务，界北地区属高桥厂。清宣统二年（1910），宝山县实行城、镇、乡地方自治，改厂为市、乡，界北地区属高桥乡。清咸丰十

高行镇空间格局鸟瞰（2023年9月杨崛摄）

周桥村现状(周桥村村民委员会)

年（1860），上海县举办团练设 22 个乡局，高行为乡局之一，辖高行市、东沟市。清光绪三十二年（1906），高行团练局辖区改为高行学区。清宣统元年（1909），高行与塘桥、陆行、洋泾四学区并称"东泾镇"。1912 年，自治成立，定名"高行乡"。1928 年成立上海特别市后，高行乡改名"高行区"；境内界北地区属上海特别市高桥区。1936 年，高行区与高桥区合并为高桥区。抗日战争胜利后，高桥区改称"三十一区"，后又恢复"高桥区"旧称。

1949 年 5 月后，境内的高行地区属第二办事处、东沟地区属第三办事处。1950 年 2 月，第六办事处建立，高南地区归入。1950 年 7 月，建立乡人民政权，境内划为东沟乡、高行乡、高南乡。1951 年 7 月，高桥区在高南乡划乡建政试点，高南乡分为高南、高西两乡；10 月，

东沟乡分为东沟、西沟两乡，高行乡分为行西乡和高行镇。1956 年 1 月，实行并乡并区，东沟、行西乡和高行镇合并入东郊区的东沟乡；西沟乡并入东郊区张桥乡；高南、高西乡合并为东郊区的高南乡。1958 年 8 月，东郊区、东昌区合并建立浦东县；9 月，全县建立东风、五一、红旗三个政社合一的人民公社，东沟乡、高南乡并入东风人民公社。1959 年 5 月，浦东县上述 3 个人民公社划分为 13 个人民公社，境内有东沟人民公社、高南人民公社。东沟人民公社下设销东、南行、高行、行西、横浦、周桥、大陆、朱家浜等 8 个大队。1961 年 1 月，浦东县建置撤销，东沟人民公社、高南人民公社隶属川沙县。1984 年 4 月，政社分设，成立川沙县东沟乡人民政府和高南乡人民政府。

高行镇全域基本已城市化，目前仅剩 1 个行政村——周桥村，且该村已全部征迁完。

2.4 曹路镇

曹路因集镇名得名。据曹氏家谱记载，西汉丞相曹参后裔曹守常自范溪（今浦西曹家渡）东渡来此定居，因熟悉盐务，开店经商于老护塘，其地始名"曹家路口"。

曹路镇地处浦东新区北部，东濒长江入海口，和长兴、横沙两岛隔水相望，可谓是"入沪门户"。南与合庆镇、唐镇接壤，西与高行镇、金桥镇毗邻，北与高东镇相连，总面积45.48平方公里。2022年常住人口约24.08万人。截至2023年底，下辖31个村民委员会、31个居民委员会。

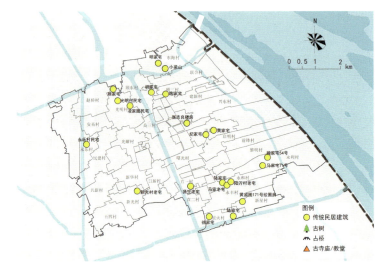

曹路镇风貌要素汇总

曹路镇空间格局鸟瞰（2023年8月杨崛摄）

镇域成陆于北宋皇祐年间（1049—1054），原属松江府上海县高昌乡一部分。东部滩地置九团地，时为下沙盐场。清雍正四年（1726）从上海县分建南汇县，高昌乡归属未变，九团划入南汇县。清嘉庆十五年（1810）从上海县和南汇县析出成立川沙抚民厅，高昌乡和九团归入川沙抚民厅（县）。清宣统三年（1911）置九团乡，属江苏川沙县辖。1929年实行划区设乡，高昌、九团两乡分别为三区和四区。1934年改为二区和三区，下辖顾路、曹路、徐路、虹桥、高行、龚路、新港、新民、潮音九乡，高昌、九团之名逐渐弃用。1948年8月，境内设龚路乡、曹路乡、顾路乡。1949年5月，境内隶属于江苏省川沙县第一乡镇联合办事处（驻地顾路镇）、第二乡镇联合办事处（驻地龚路镇）。10月，第一乡镇联合办事处改建为高徐区（驻地顾路赵桥），第二乡镇联合办事处改建为龚路区（驻地龚路镇）。1950年6月，高徐、龚路两区合并建顾路区，下辖14个小乡（区政府驻地顾路镇南街），其中10个乡属今曹路镇范围。1957年8月，撤区并乡，境内设龚路乡、顾路乡。1958年9月，改设人民公社，境内设幸福（原顾路、中心乡合并）、东方红（原龚路乡）人民公社。同年底，成立顾路（原幸福、东方红合并）人民公社。1959年5月，调整人民公社规模，境内设顾路、龚路两个人民公社。1984年3月政社分设，复为龚路乡、顾路乡。1993年1月，撤销川沙县设立浦东新区，龚路、顾路两乡归属浦东新区。1995年撤销顾路、龚路两乡，分别建立顾路镇、龚路镇。2000年4月，撤销顾路、龚路两镇，合并后设立的新镇命名为曹路镇。

镇域范围内有上海立信会计金融学院、上海第二工业大学、上海杉达学院三所高校，"一镇三校"正深度融合发展，逐渐成为教育强镇。

镇域内的潮音庵俗称"观音堂"，为区级文物保护单位，始建于明朝景泰七年（1456），清雍正年间（1723—1735）毁于火灾，清乾隆四年（1739）重新修建。1930年又毁于火灾，1934年由地方人士募资重建。门额"潮音庵"由黄炎培手书。庵东庭院建有高51米的七层宝塔一座，名曰"报恩塔"。

调研发现，曹路镇乡村地区仍保留有较多的传统民居，如贤生老宅、徐家宅、陆家宅等，主要分布在浦东运河以东；空间肌理和乡村风貌保存较好的村庄主要有群乐村、新星村、星火村、迅建村和永乐村等。

2.4.1　群乐村

群乐村位于曹路镇东部，东靠东川公路，南邻迅建村，西邻星海家园，北靠兴东村，村域面积为 36 公顷，村民小组 2 个。

村域常住人口 1012 人。户籍人口 414 人，外来人口 598 人，主要来自安徽省淮南市、河南省周口市。60 岁以上人口 425 人，常住人口老龄化率为 42%。村民主要从事行业包括物流运输、行政办公等。

2022 年村内主导产业为文创产业，村集体可支配收入 341.43 万元；村民人均年收入 4.5 万元。其中，非农业收入占比超过 90%。主要农产品有浦东大米，特色农产品有草莓。现有农民专业合作社 1 家，2 个村民小组开展了农业规模化经营，实现农业规模化经营土地 153.25 亩（10.22 公顷），耕地经营权流转率 100%。村农业旅游年客流量约 2000 人次，经营收入超 10 万元，主要旅游项目有瓷器制作、草莓采摘，游客主要为附近居民。

上川路横穿群乐村，村域内共有河流 6 条，呈一横五纵一交织，河道宽度约 2～12 米，湖荡 5 片，面积约 50～120 平方米。

群乐村空间肌理

群乐村以原宅村为中心，呈团状散落布局，顺应河道布局农田与村落。聚落规模小、密度大，以团状集中不规则散布。农田肌理为成片大面积农田，点缀部分小面积农田。村宅呈团状成片集中，村庄呈团块状散落农田之中，少量沿村庄中的河流带状分布。

室外围墙　室内空间

谭园文化艺术中心（原张志良楼，2023 年 8 月王向颖摄）

建筑布局主要以联排长屋与"一"字形单屋为主，年代久远的建筑有的呈合院式布局。

建于 1913 年的历史建筑——张志良楼房，为穿斗式结构，开间不大，节点构造比较简单。屋面为悬山坡屋顶，两侧马头墙。楼房室内设置"十"字纹木窗。后通过鼓励乡贤出资修缮的方式变身为"谭园文化艺术中心"。在建筑修整铲除墙面时，发现原始墙面遗存的宣传口号，进行了保留；楼房外墙面标识采用瓷版画的形式。

村内有多处江南风格民居，外墙多为小青砖墙外粉石灰，屋顶为青瓦或红瓦。其他现代风格民居，以灰色系瓷砖为主，简洁大方且耐打理。山墙形式有观音兜和吸收了西方元素的混合式山墙等。

群乐村清代时属九团乡七甲，民国时期为曹路乡所属。1950 年时属顾路区民众乡；

1957 年 9 月撤区并乡时属顾路乡；1958 年 9 月人民公社化时属幸福人民公社，12 月属顾路人民公社；1959 年调整人民公社规模，成立群乐大队；1984 年政社分设时改称"群乐村"，属顾路乡；1995 年 11 月撤乡建镇，改属顾路镇；2000 年撤二建一时属曹路镇。

群乐村的历史名人有民族资本家冯义祥（1882—1952）。他与朱云龙在上海合资开设东冯公司，在所属企业之一的梅林罐头食品公司任董事长。1940 年，首创金质牌淡奶和各类罐头食品，并从美国进口青豆、洋山芋（土豆）、番茄、洋葱等种子，供顾路农民种植，梅林公司负责包收。

他热心乡里公益，1936 年独资创办兴东小学，对造桥、修路、施棺、施米等善事，均乐意捐助，并雇佣家乡生活困难的农民进厂工作。

50年树龄苦楝树（2023年8月王向颖摄）

2.4.2 新星村

新星村位于曹路镇东南方向，东靠合庆勤奋村，南隔张家浜与合庆镇共一村相望，西邻星火村，北靠永丰村。村域面积 107 公顷，村民小队 8 个。村域常住人口 3510 人，男性 1906 人，女性 1604 人；户籍人口 980 人，外来人口 2530 人，主要来自安徽省阜阳市六安市、河南省驻马店市。60 岁以上人口 474 人，常住人口老龄化率为 13.5%。2022 年村内主导产业为农田流转产业，村集体可支配收入 350 万元；村民人均年收入 5.85 元，其中非农收入占比 99.5%。主要农产品有蔬菜，特色农产品有萝卜。现有农民专业合作社 6 家，8 个村民小组开展了农业规模化经营，实现农业规模化经营土地 795 亩（53 公顷），耕地经营权流转率 100%。

村域内共有河流 14 条，三横九纵两交织，河道宽度约 9 ～ 18 米，河网间距约 100 ～ 200 米。民居沿水系张家浜、头九港、东横圩等呈"一"字形组团布局。组团中有四处水、田、路形成的较为开阔的空间。

新星村民居布局中，东新港 57 号绞圈房、黄家圈 171 号绞圈房呈"口"字形布局，其他民居一般呈"一"字形布局。

新星村是"全国巾帼示范村"，以妇女为主要力量，在农村发挥引领和示范作用。在新星村建立的"妇女微家"，常组织做手工、话家常，为邻人煮茶、帮友解困，让乡音、乡情、乡韵流淌于"微家"。

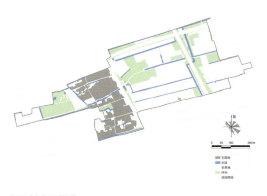

新星村空间肌理

新星村局部鸟瞰（2023年8月杨崛摄）

东新港57号绞圈房（2023年8月汤少忠摄）

黄家圈171号绞圈房（2023年8月杨崛摄）

新星村民居雕刻组图（2023年8月汤少忠摄）

2.4.3 迅建村

迅建村位于曹路镇东部，东靠东川，南邻启明村，西临凌空北路，北靠群乐村。村域面积 1.36 公顷，村民小队 11 个。村域常住人口4452 人，男性 2450 人，女性 2002 人；户籍人口 2124 人，外来人口 2328 人，主要来自安徽省六安市、河南省、湖北省。60 岁以上人口 700 人，常住人口老龄化率为 15.7%。2022 年村内主导产业为种植产业，村集体可支配收入 291 万元；村民人均年收入 43156元，其中非农收入占比 80%。主要农产品有水稻、水果、多肉种植、蔬菜，特色农产品有锦鲤鱼养殖。村域内共有河流 9 条，六横三纵五

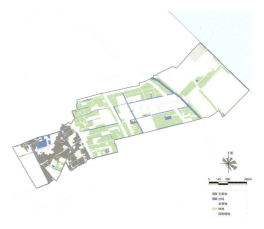

迅建村空间肌理

迅建村聚落肌理鸟瞰(2023年8月杨崛摄)

交织，河道宽度约 5～25 米。村中水系交错，河道两侧为风景优美的绿道。部分区域建筑临水而建，在滨水界面上开门见河。村内风貌优美，建筑外墙面有艺术墙绘。田园种植主要以果树为主，房前屋后有"小三园"。

迅建村村域内现有特色民居建筑 9 处，分别是第四至七、十至十一村民小组，地址为季家宅、季家村、季家厅、黄家宅和蔡家宅。

季家宅 36 号老宅为传统绞圈房，局部拆除新建为新式楼房。建筑剩余部分结构完好，屋面覆盖青瓦，瓦当与滴水保留完整，瓦当上多绘有花草纹样，滴水上有双龙戏珠纹样或花草纹样。庭心区域地面保留完好，铺装为席纹青砖。老宅未改造部分七路头穿斗式结构完整。墙门间外部木门有"万字纹"雕花，墙门间内山墙可见穿斗结构。内部厅堂近 6 米高。

客堂内部为一根完整大梁，顶部可见风窠，脊桁正中用铜条制成方胜纹，祈求平安辟邪，也用于挂灯具，梁下部有斗栱装饰，梁下有梁垫，客堂后有木窗 8 扇。宅灶房间保留传统三眼灶，顶面已翻新为瓷砖贴面。

黄家宅 53 号老宅为传统三开间单埭头屋，据当地居民说有 200 年左右的历史。老宅屋顶为硬山檐，两侧为观音兜山墙。右侧屋脊正脊与山墙脱开，脊头为雌毛脊，有一垂脊；左侧屋脊与山墙相连。老宅客堂前门廊区域门楣上有丰富的雕花。中部枋上雕刻带八卦、钱币、花卉、如意等元素的复合方胜纹图案，左、右两侧刻有万字纹和团寿图案。中部栱垫板上刻有五只蝙蝠环绕团寿纹，寓意"五福抱寿"，两侧栱垫板刻有"暗八仙"纹样，门梁上有雕花梁垫，雕刻花草。

迅建村季家宅36号老宅内、外景（2023年8月李睿摄）

迅建村季家宅53号老宅及建筑细部（2023年8月李睿摄）

迅建村黄家宅63号老宅内外景（2023年8月李睿摄）

　　黄家宅 63 号老宅为一正一厢的"L"形布局，由围墙围合为一个小庭院。三侧均为观音兜山墙，屋顶正脊、垂脊有泥塑雕花装饰；屋面覆盖青瓦。瓦当和滴水保存完好，瓦当上有"福禄寿"纹饰，滴水有花边，刻长寿纹纹饰。老宅未改造部分的七路头穿斗式结构完整，墙门间内山墙可见穿斗结构；内部有近 6 米高的厅堂。客堂顶部可见风窠，脊桁正中用铜条制成方胜纹；梁下部有斗栱装饰，下有梁垫；客堂后有木窗 6 扇。

　　其他老宅布局多为破损的绞圈房或单埭房，多为"一"字形或不完整的"口"字形。建筑多为穿斗式构架，采用砖木结构，有一建筑中间有两根雕花抬梁。建筑立面多为"人"字形山墙，白色石灰粉刷面，可见雕花矮闼门、戗篱笆等传统绞圈房元素。部分老宅内部还可见雕花斗栱、月梁、抱梁云等传统建筑元素。

2.4.4 星火村

星火村位于曹路镇东南方向，东靠新星村，南邻合庆镇，西邻唐镇一心村，北靠永丰村。村域面积 76 公顷，村民小队 6 个。村域常住人口 3800 人，男性 2130 人，女性 1670 人；户籍人口 1275 人，外来人口 2525 人，主要来自安徽省六安市、河南省开封市。60 岁以上人口 1320 人，常住人口老龄化率为 34.7%。村民主要就业行业包括加工制造、餐饮服务等。2022 年，村集体可支配收入 663 万元；村民人均年收入 3.5 万元，其中非农收入占比 93%。

凌空北路纵贯全村，其中部为林地及农田交织地带。聚落呈点状散布，在东西形成两个组团，建筑沿水系、道路呈组团散落。

村内民居建筑风格比较多元化，以欧式及现代风格为主，层数主要以 2～3 层为主，多采用红、蓝色琉璃瓦铺设屋面，屋顶形制较统一但有别于传统坡屋面的做法，装饰构件中更多地融合西方建筑元素。

村内现存传统建筑较少，以绞圈房为主，其中以徐家宅保存较好。传统民居多为"口"字形平面布局，穿斗式构架，木制梁架，砖木结构；墙体为青砖砌筑并抹灰；屋顶形式以悬山、歇山为主，望板为底，青瓦于上，灰瓦白墙，门框遗留有门轴等相关构件。

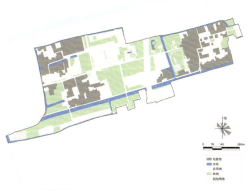

星火村空间肌理

曹路镇星火村空间格局鸟瞰（2023年8月杨崛摄）

张家浜(2023年8月曾文韬摄)

陆家宅(2023年8月曾文韬摄)

徐家宅(2023年8月曾文韬摄)

2.4.5 永和村

永和村位于曹路镇东南方向，东靠人民塘随塘河，南邻永丰村，西临凌空北路，北靠永利村。村域面积 84 公顷，村民小队 6 个。村域常住人口 2152 人，男性 967 人，女性 1185 人；户籍人口 1235 人，外来人口 917 人，主要来自安徽省六安市、河南省驻马店市。60 岁以上人口 753 人，常住人口老龄化率为 35.0%。2022 年，村集体可支配收入 120.74 万元；村民人均年收入 2.5 万元，其中非农收入占比 12%。现有农民专业合作社 1 家，6 个村民小组开展

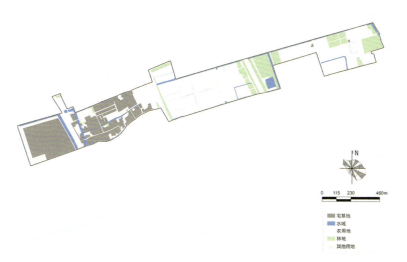

N

0   115   230   460m

■ 宅基地
■ 水域
  农用地
■ 林地
□ 其他用地

永和村空间肌理

永和村空间格局鸟瞰 (2023年8月杨崛摄)

了农业规模化经营，实现农业规模化经营土地 550 亩（36.67 公顷），耕地经营权流转率 92%。

永和村整体呈长方形，已部分拆迁，上海市绕城高速、凌空北路和东川公路南北穿越村域。村域空间特色鲜明，西侧凌空北路以西为现代风格的高层小区；中部凌空北路以东、东川公路以西区域为永和村农村居民点，民居依河而建；东侧东川公路以东为曹路现代农业园区，农田整齐排列；东界 G1503 绕城高速公路两侧林地带状分布。

永和村聚落整体呈带状分布，建筑群体沿河分布，沿路而建，坐北朝南，东西横向呈"一"字形排列分布在道路和河道两侧，南北纵向呈鱼骨状排列。

永和村民居建筑以 20 世纪七八十年代建筑为主，部分为后期翻建。建筑平面布局以"一"字形排布为主，结构体系以砖混为主，材质为砖石混凝土，多为两层；部分建筑沿用原有脊饰、屋瓦，表现出与传统建筑元素混搭的风格；立面主要为水磨石、彩色马赛克贴面、真石漆

面，并以带颜色的碎玻璃镶嵌几何形、宝石、建筑修建年份等图案作为装饰；屋面铺设青色素瓦或红色琉璃瓦。

村内有三栋传统建筑，分别为陆家宅、马家老宅、陆万村 122—128 号老宅。其中陆家宅为浦东新区文物保护点。

陆家宅位于曹路镇永和村三队，始建于清嘉庆年间（1796—1820），是上海郊区砖木结构的传统民居。该建筑平面布局呈"L"形，东侧为庭院，庭院南面是仪门，北侧是单层的正厅，现仅剩西侧两开间。正厅为双坡顶，观音兜山墙，中间为庭院。室内枋上雕刻有精致的花草纹样式，上方有一斗三升和花草纹镂空栱眼壁。南立面仪门的砖雕精美，有雕花和斗栱，具有一定的历史价值。

马家老宅屋面为观音兜和马头墙结合的变异形式，西侧部分建筑已拆，改为人字硬山。

陆万村 122—128 号老宅，采用歇山屋顶，"一"字形平面布局，砖木结构，木制梁架，墙体青砖并抹灰，望板为底，青瓦于上，灰瓦白墙，室内枋上雕有精致的花纹。

陆家宅（2023年8月刘欢摄）

马家老宅（2023年8月刘欢摄）

陆万村122—128号老宅（2023年8月刘欢摄）

2.5　合庆镇

合庆初名"薛家码头"，清同治初年（1862），顾益斋在钦公塘旁开杂货铺，名"顾合庆"，而后商业发达，形成集镇而得今名。

合庆镇位于上海市浦东新区东北部，东临长江口东岸，西靠唐镇，南与川沙新镇、祝桥镇接壤，北连曹路镇，总面积41.86平方公里。2022年常住人口约16.21万人。截至2023年底，下辖29个村民委员会、8个居民委员会。

其行政区划演变历程如下。明洪武元年（1368），设都转运盐使司松江分司于下沙，统领三场一至九团。其中，六至九团在川沙境内，八团主要在合庆境内。明正统五年（1440）七至九团属下沙三场盐课司。清雍正三年（1725）析上海县长人乡大部置南汇县。清嘉庆十五年（1810）析上海县高昌乡滨海地区和南汇北部暨下沙盐场的八、九团置

合庆镇风貌要素汇总图

合庆镇空间格局鸟瞰（2023年8月杨崛摄）

川沙抚民厅，隶属松江府，是为川沙设治之始。1912 年改厅为县，置川沙县公署，仍属松江府，实行市乡制，合庆为八团乡。1929 年改市乡为区，合庆为第五区。1934 年，实行区乡制，合庆为第四区。1949 年 10 月废除乡保甲制，建立合庆区人民政府，辖蔡路、青墩、奚家、唐家、暮紫、三凌、龙港、合庆、虹桥、小湾、畅塘、唐墓，共 12 个乡。1958 年合庆、蔡路属曙光人民公社，11 月随川沙县从江苏省苏州划归上海市。1959 年 1 月红旗、曙光两公社合并成小湾人民公社，6 月小湾人民公社一分为三，成立虹桥、合庆、蔡路人民公社。1984 年实行政社分设，重建乡、村基层组织。1992 年川沙县撤销后属上海市浦东新区。1995 年 12 月合庆乡改为合庆镇，蔡路乡改为蔡路镇。2000 年 5 月，撤销合庆镇、蔡路镇建置，建立新建置的浦东新区合庆镇。

镇域东南部有浦东首个郊野公园——合庆郊野公园，成为浦东滨江的重要生态屏障。

调研发现，合庆镇乡村地区保留的传统民居、古树名木、古桥和寺庙较多。代表性传统民居有华氏宅、薛家宅、周氏宅等；代表性古桥为公济桥、巨龙桥、文登桥、永安桥等；代表性古寺如庆云寺、海潮寺。其中的庆云寺，其历史可追溯至明万历年间（1573—1620）。庆云寺位于龙东大道与东川公路交汇处，占地 6000 余平方米，前后四进，依次为山门、天王殿、大雄宝殿、藏经楼。空间肌理和村庄风貌保存较好的村庄主要有朝阳村、春雷村、大星村、庆丰村、跃丰村等。

2.5.1 朝阳村

朝阳村位于合庆镇东北方向，东靠白龙港污水处理厂，南与前哨村为界，西与庆丰村、奚家村相邻，北与勤奋村毗连。村域面积 170 公顷，自然村宅 6 个，村民小组 6 个。

村域常住人口 2950 人，男性 1286 人，女性 1096 人；户籍人口 1591 人，外来人口 1350 人，主要来自安徽省六安市、河南省信阳市。60 岁以上人口 587 人，户籍人口老龄化率为 36.9%。

2022 年村内主导产业为农副产业，村集体可支配收入 648 万元；村民人均年收入 4.35 万元。主要农产品有水蜜桃、火龙果、水稻，其中，水蜜桃、火龙果为特色农产品。现有农民专业合作社 2 家，6 个村民小组开展农业规模化经营，实现农业规模化经营土地 546 亩（36.4 公顷），耕地经营权流转率 100%。村农业旅游年客流量约 2.5 万人次，经营收入 25 万元，村子主要旅游项目有果园采摘、火龙果基地参观培训。

村域现状呈不规则形状地块，东片区基本为公共管理与公共服务用地，西片区有部分住宅民居，民居建筑沿道路呈带状或团状集中分布。

朝阳村河道（2023年8月苏婉摄）

朝阳村村域内共有河流 17 条、四横二纵四交织，河道宽度约 8 ～ 50 米；河网间距约 200 ～ 300 米。

朝阳村聚落呈不规则形状地块，随塘河以东片区基本为公共管理与公共服务用地，随塘河以西片区有部分民居，民居建筑沿道路呈带状或团状集中分布。

村内有四栋古宅：顾家老宅、徐家老宅、唐家老宅、胡家老宅。其中，顾家老宅约有 150 年的历史，徐家老宅、唐家老宅、胡家老宅均有 100 年左右的历史。四栋古宅沿奚阳公路两侧布置，顾家宅、徐家宅和唐家宅均位于随塘河以西，胡家宅位于随塘河东岸。四个老宅平面均为"一"字形，采用木结构，外墙面为砖墙外粉石灰，局部灰色墙裙，以自然色木门窗与白粉墙相结合，建筑木构架为褐色，屋顶铺小青瓦。其主要区别在屋顶和山墙形式：顾家老宅为悬山顶，局部歇山顶；徐家老宅和唐家老宅为两坡屋顶，观音兜山墙；胡家老宅亦为两坡屋顶，观音兜山墙，但一侧的山墙已被改建成三角形山墙。

朝阳村顾家老宅（2023年8月苏婉摄）

朝阳村徐家老宅（2023年8月苏婉摄）

朝阳村唐家老宅（2023年8月苏婉摄）

朝阳村胡家老宅（2023年8月苏婉摄）

2.5.2 春雷村

春雷村位于合庆镇东南方向，东靠直属村，南邻勤昌村，西邻蔡路村和大星村，北靠友谊村。村域面积125公顷，自然村1个，村民小组9个。村域常住人口2930人，男性1605人，女性1325人；户籍人口2185人，外来人口1250人，主要来自安徽省阜阳市、四川省广元市。60岁以上人口825人，常住人口老龄化率为28.2%。村民主要就业行业为第三产业。

2022年村内主导产业为房屋、土地出租，村集体可支配收入632.66万元；村民人均年收入3万元。耕地经营权流转率98%。村域内共有河流21条，12横6纵3交织，宽度约8～10米。

春雷村地块东西长，南北窄，被上海市绕城高速分为东、西两个区域。东部农宅集中分布绵延成片，西部农宅为两个相对独立的组团，南侧为农田与林地。村域内河道呈网格分布，原有住宅依水而建。

春雷村空间肌理

村域内保留有部分传统民居，多为单排独栋，粉墙黛瓦，山墙保留观音兜形式。其余以20世纪七八十年代建筑为主，部分后期翻建。建筑平面以"一"字形布局为主，结构体

春雷村空间格局鸟瞰（春雷村村民委员会）

系以砖混为主，建筑多为 2～3 层，墙面有水刷石、面砖等材质，以浅灰色或暖色墙面为主，屋顶多用灰瓦或红瓦。

村域内现有古桥一处，位于戴何家宅东侧，建于 1934 年。桥系东西走向三跨，桥长 25 米。桥面之下有三根主梁，桥座也是水泥浇筑。主跨桥梁两侧皆有桥名"华德桥"。单侧桥栏由水泥立柱和宝瓶形水泥板组成。另有庙宇一处，名曰"达民老堂旧址"，地址为颜家宅 53 号，是浦东新区文物保护点。

春雷村村巷空间格局（春雷村村民委员会）

华德桥（2023年8月张正秋摄）

修缮后的传统民居（2023年8月28日张正秋摄）

达民老堂内的孟蒋堂（2023年8月张正秋摄）

2.5.3 大星村

大星村位于合庆镇东南方向，东靠友谊村、春雷村，南临蔡路、勤益村，西邻益民村、跃丰村，北靠青三村，村域面积96公顷。村域常住人口3568人，男性1894人，女性1674人；户籍人口987人，外来人口2581人，主要来自河南省信阳市、安徽省六安市。60岁以上人口938人，常住人口老龄化率为26.3%。2022年村集体可支配收入704.98万元，村民人均年收入3万元。村域内共有河流11条，两横两纵七交织，河道宽度约8～12米。

大星村的建筑聚落以2～3层砖混结构楼房为主。20世纪八九十年代建筑的表皮多为白色石灰面，或带图案的彩色水刷石，抑或彩色瓷砖贴面。屋顶结构基本为双坡屋顶。村内近几年的新建建筑多为2层砖混结构的仿

大星村空间肌理

大星村空间格局鸟瞰（2023年9月20日杨崛摄）

欧式建筑。屋顶多为尖顶或缓坡顶，覆盖红色瓷砖瓦；也有部分建筑采用仿古中式歇山檐屋顶，覆盖青瓦。

位于大星村周家宅 36 号的赵氏家祠，外包围墙，据说曾利用它建起一座工厂，而今被分割群居。从卫星图上看，该建筑为保存完好的绞圈房。目前整体建筑有翻新痕迹，立面山墙已被翻新，仪门被水泥浇筑，又说曾被改造为理发店。建筑内部结构完好，可见庭院和回廊，回廊梁柱结构已翻新为水泥材质。建筑内部可见为七路头穿斗结构，室内构件大部分已翻新。

村内有一处中西合璧式的老宅，正中为三飞砖仪门，门头上留有 20 世纪六七十年代的标语"胸怀祖国，放眼世界"，两侧为观音兜山墙，局部进行过修建翻新。墙门间内可见五路头穿斗结构，梁枋和抱梁上都有花草纹雕花。宅内有中庭，正厅前有廊轩。

大星村顾家宅是浦东新区文物保护点，位于东川公路西侧、高科东路南侧，坐北朝南，

村内建筑现状照片 (2023年8月李睿摄)

赵氏家祠内景 (2023年8月李睿摄)

兜山墙 (2023年8月李睿摄)

老宅仪门 (2023年8月李睿摄)

顾家宅雕花细节（2023年8月李睿摄）

院宽 35.2 米，总进深 14.6 米，由两座四合院（俗称"双绞圈"）构成。格扇木门窗有简易雕花，室内铺青砖地坪。屋面覆盖青瓦，瓦当及滴水保留较为完好。东院正厅为穿斗式梁架，进深六步架。明间步枋上有斗栱，上有精美雕花，左侧为马纹和海浪纹，中间为凤穿牡丹纹样，右侧为松鹿纹饰。

大星村内现有一棵树龄约 500 年的银杏，树高 25 米，胸围 4.8 米，冠径 8.3 米。树干笔直向上，半中央自然分成两枝，亭亭相依。

据传，当时进清水洼的船只，都以此树为标志。明代成化十六年（1480），总督郭铉（hóng）委托官兵土筑汛墩。汛墩建筑位于清水洼，故取名"青墩"。后来又在树旁造了一座祠庙——龙神庙。清雍正十一年（1733），南汇知县钦琏重建捍海塘，后改名"钦公塘"。随着银杏树日渐繁茂，青墩也随之繁荣起来，并成为浦东川沙地区的一个进出口码头——青墩码头。青墩从此随着银杏树、龙神庙与码头的盛名广传而鹊起。

大星村500年银杏（2023年8月李睿摄）

2.5.4 庆丰村

庆丰村位于合庆镇北部，东靠朝阳村、前哨村，南邻庆星村，西邻红星村，北靠奚家村。村域面积123公顷，村民小组6个。村域常住人口4962人，男性2406人，女性2556人；户籍人口1657人，外来人口3305人，主要来自安徽省寿县、河南省郸城县。60岁以上人口983人，常住人口老龄化率为19.8%。村民主要就业行业包括制造业和服务业。2022年村内主导产业为不动产租赁、金融服务产业，村集体可支配收入2176万元；村民人均年收入3.5万元，其中非农收入占比75%。主要农产品有翠冠梨。

庆丰村由长江泥沙入海后，经海潮顶托沉积自西向东孕育而成。据《合庆镇志》记载，明万历十二年（1584），上海知县邓炳及继任者颜洪范修筑圩塘，从南汇始，经过施湾、江镇、蔡路、合庆、黄家湾。清雍正年间（1723—

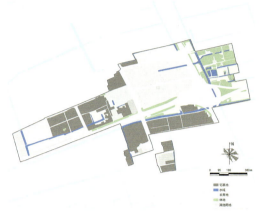

庆丰村空间肌理

1735），南汇知县钦琏在原址重修圩塘。据此说明，庆丰村在1584年已成陆。居住人群共111个姓氏，顾、吴、奚、龚、朱、唐、张、徐、陆、姚列前十位。

庆丰村紧邻镇区，毗邻张江高科技园区东

庆丰村空间格局鸟瞰（2023年9月杨崛摄）

合庆吴氏宅（2023年8月刘欢摄）

庆丰二队顾顺和6号老宅（2023年8月刘欢摄）

区，规划为撤并村。上海市绕城高速、龙东大道、东川公路从村域穿过，将村庄分割为多个片区，整体聚落呈团状集中，建筑沿道路、水系呈"一"字形带状分布。

村内尚存几处老宅，较为著名的是合庆吴氏宅。合庆吴氏宅原为吴少卿住宅，曾作为合庆粮管所，现归上海浦东发展集团管理。建筑为两进四合院落，整体格局完整。南立面有三扇石库门，分别位于立面正中及两侧厢房前的位置。入正中门即墙门间，两侧各有一间门房。第一进庭院铺地为水泥勾缝，正中设置圆形下水口。庭院三面环廊，廊柱柱础略呈方形，建筑屋架柱础呈圆形。庭院东西各两间厢房，进深6.7米，面阔约5米，室内穿枋可见精致雕刻。正屋为五开间，进深约8米，明间面阔约5米，次间约4.3米，稍间约4米。

两侧稍间外侧部分连通前后廊，形成备弄，备弄上有用于储物的小阁楼。备弄宽2米，

向北连通第二进庭院两侧柱廊。柱廊屋架为三界回顶做法，东侧围墙开侧门。第二进庭院杂草遍生，保留了原铺地材质。后堂七开间，明间面阔较其他间大。建筑南立面的厢房山墙、正屋及后堂山墙均为跌落式观音兜，屋面为小青瓦。

庆丰二队顾顺和6号老宅，由顾云荏建于1870年。房屋占地2000平方米，分前后两排。前排为七路五开间，两旁有厢房六间，前有两扇围墙大门；后排有正屋九间，外加厢房六间。房屋梁柱原雕有花纹飞鸟图案，1960年代被铲除。正房西首有作坊3000多平方米，内设糟坊、酿酒、轧花厂。顾氏家族还在合庆镇上经营杂货店，并做粮油买卖生意。土地改革时期，两侧厢房分给本村贫、雇农居住；正屋被国家征用，改作合庆粮管所，经营粮食、饲料。1980年代，大部分房屋归还顾氏小辈居住。

庆丰村三队唐家宅29号老宅（2023年8月刘欢、杨崛摄）

庆丰村六队朱家宅 24 号老宅，建于 19 世纪末，为绞圈房和单埭头房子互相拼接而成的单层新单体建筑，呈"凹"字形平面。采用歇山屋顶，榫卯衔接的砖木结构，为正帖抬梁、边帖穿斗式。墙体为砖墙，外粉石灰，铺板门扇。屋顶为小青瓦，门窗券楣为灰塑或砖砌。

庆丰村三队唐家宅 29 号老宅，建于 19 世纪末，为单层绞圈房拼接，呈"L"形与"凹"字形结合的平面，采用歇山屋顶，砖木结构。村内有一处寺庙——庆云寺，始建于明万历年间（1573—1620），为猛将庙旧址。1993 年 12 月，当地统一规划种福庵、海潮寺、观音堂、三官堂、野三官堂、猛将堂等六处庙堂，筹建庆云寺。在庆丰村、庆丰实业总公司等资助下，1995 年 1 月破土动工，1997 年 12 月建成开放。刘猛将是颇具特色的地方神。在江南地区，农民祈求他驱除农作物病虫害，保佑风调雨顺；渔民祈求他捕鱼平安、丰收；蚕农祈求他保佑蚕花茂盛。在江南民众的心目中，他是一位热心为民、有求必应、可亲可敬的地方保护神。苏州吴县有"刘猛将是吾侬吴县的主神"一说。刘猛将还具有保境安民、保家卫国的神格，民间有猛将显灵惩罚日本侵略者的传说，在《猛将神歌》中有他"杀退倭奴迷雾散"的词句。

庆丰村三队唐家宅29号老宅（2023年8月刘欢、杨崛摄）

庆丰村三队唐家宅29号老宅（2023年8月刘欢、杨崛摄）

庆丰村六队朱家宅24号老宅（2023年8月刘欢摄）

庆云寺（2023年8月田景华摄）

2.5.5 跃丰村

跃丰村位于合庆镇北侧，东靠东川公路，南邻青三村，西邻东风村，北靠沈沙港。村域面积105公顷，自然村宅19个，村民小组5个。

村域常住人口3324人，男性1330人，女性1994人；户籍人口943人，外来人口2381人，主要来自安徽省六安市、重庆市。60岁以上人口745人，常住人口老龄化率为22.4%。村民主要就业行业包括：农副业、运输业、制造加工业。

2022年村内主导产业为农业，村集体可支配收入405.46万元；村民人均年收入5.1万元，其中非农收入占比74%。主要农产品为无公害大米，特色农产品为黄瓜、番茄。耕地经营权流转率98%。

跃丰村地域形状狭长，村内有凌空北路、高科东路穿过。村域内河道呈网格状分布，原有住宅经整体规划依水而建，呈组团并列布局。村域内共有河流21条，东横西纵南北

跃丰村空间格局鸟瞰（跃丰村村委会）

交织，河道宽度约 5 ～ 8 米。村域内有一座古桥，即跃丰村五队庄家宅的四福大桥；一座水塔，名"丰跃水塔"。

　　村域内保留有部分传统民居，大多为粉墙黛瓦，山墙保留观音兜形式，单排独栋。其余以 20 世纪七八十年代建筑为主，部分后期翻建。建筑的平面布局以"一"字形排布为主，结构体系以 2 ～ 3 层砖混结构为主，墙面材质有水刷石、面砖等，颜色多样。

跃丰村空间肌理

四福大桥（2023年8月张正秋摄）

跃丰村小学（2023年8月杨进升摄）

2.6 唐镇

唐镇因唐墓桥得名。明天启二年（1622），唐家三店（今前进村唐家村民小组）唐望在曹家沟上建石桥一座，取名"唐望桥"。后因西岸有唐姓祖先墓地，故更桥名为唐墓桥，桥东首小镇得名"唐墓桥镇"。

唐镇地处浦东新区中偏东北，东与合庆镇接壤，南与川沙新镇相邻，西与张江镇和金桥镇相接，北与曹路镇相连，总面积 32.32 平方公里。2022 年常住人口约 19.20 万人。截至 2023 年底，下辖 16 个村民委员会、27 个居民委员会。

唐镇地区成陆于唐末宋初。宋时属嘉兴府华亭县，元至元二十九年（1292）属松江府上海县。清雍正四年（1726）属南汇县长人乡。1934 年属川沙县曹河乡，1939 年称"唐墓乡"，1946 年复称"曹河乡"，1947 年改称"三河乡"，1949 年 5 月，唐镇地区解放。1949 年 9 月成立唐墓乡人民政府，1957 年撤唐墓乡并入虹桥乡，1961 年 11 月建立唐镇人民公社，1984 年改为唐镇乡，1993 年隶浦东新区，1995 年撤乡建镇改为唐镇。

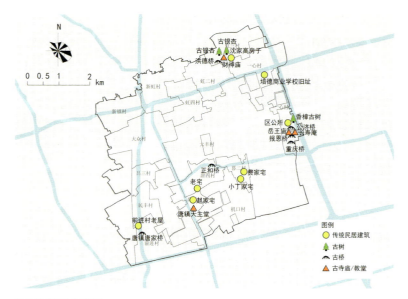

唐镇风貌要素汇总图

唐镇空间格局鸟瞰（2023年9月杨崛摄）

2.6.1 前进村

王港地区宋初属嘉兴府华亭县,元初（1279）属松江府华亭县,元至元二十九年（1292）属松江府上海县长人乡,清雍正四年（1726）属松江府南汇县长人乡,清嘉庆十五年（1810）属松江府川沙抚民厅长人乡。1934年王港地区设小湾、王家港、虹桥三个乡,1947年置城北乡,1948年改称小湾乡。1949年12月属川沙县合庆区人民政府,1957年9月建立虹桥乡,1958年9月改称红旗人民公社,1959年1月改称小湾人民公社,1959年7月改称虹桥人民公社,1980年10月改名王港人民公社,1984年改为王港乡。1993年隶属浦东新区,1995年撤乡建镇改为王港镇。2000年4月,唐镇与王港镇撤二建一,合并为唐镇。

唐镇位于张江科学城扩区范围内,积极承接科创产业的溢出效应,打造宜居宜业的综合型城镇。

露德圣母教堂是唐镇的标志性建筑,位于唐镇老街40号,于光绪二十一年（1895）开工,因仿照法国卢尔德玫瑰圣母院（Sanctuaires Notre-Dame de Lourdes）建造而得名。该堂为奉、南、川三县总铎,是继上海教区佘山圣母大教堂之后的第二个朝圣地,每年5月为圣母月,定为朝圣期,5月1日为迎圣母日,是最热闹的一天。1964年该堂停止宗教活动,此后建筑遭严重破坏。1990年3月动工修复,1992年10月完工并举行复堂典礼。

调研发现,唐镇乡村地区传统民居、古树名木和古桥等主要分布在东部和南部,多在河流沿线,古桥主要有洪德桥、唐家桥、公济桥、报恩桥、重庆桥等。空间肌理和村庄风貌保存较好的村庄主要有前进村、小湾村、一心村等。

前进村位于唐镇西南方向,东靠唐陆公路,南临川杨河,西临华益路,北靠高科中路。村域面积210公顷,自然村1个,原有村民小组9个,现有村民小组6个,即红旗、东风、墙圈、唐家、东窑、西窑。村域常住人口5862人,男性3320人,女性2542人;户籍人口850人,外来人口5012人。60岁以上人口317人,常住人口老龄化率为5.4%。村域内共有河流12条、五横七纵九交织,宽度约4～20米。村内现有古桥1处,名为唐家桥,地址为唐家宅。

村落约形成于1958年,因粮棉而兴,重大建设工程有开川杨河、外环线、高压线走廊,历史名人有庄向初（1901—1931）、龚明远、朱品翘（1868—1928）、龚沧州、龚建华。

前进村空间肌理

■	宅基地
■	水域
	农用地
■	林地
	其他用地

唐镇唐家桥建于明代万历年间，是一座三跨石梁桥。桥呈东南、西北走向，坐落于一条南北向河流的分支上，东南一侧是一片树林和芦苇，西北一侧是江南民居。桥分五跨，两端是横向铺于桥墩上的条石，中间三跨为三排竖向的长条花岗石搭在桥墩上，石梁伸出桥面40多厘米，桥两端略往上倾斜。桥身两侧刻有文字和纹样。

村内老屋多为常见的传统民居样式，采用木制梁架结构，梁下配木制雕花；砖混结构，墙体材质为青砖并抹灰；望板为底，青瓦于上，灰瓦白墙，屋面与两侧建筑相连。

老屋外景（2023年9月4日刘生摄）

前进村空间格局鸟瞰（2023年9月4日杨崛摄）

老屋屋架（2023年9月4日刘生摄）

老屋檐口（2023年9月4日刘生摄）

唐家桥（2023年9月4日刘生摄）

2.6.2 小湾村

小湾村位于唐镇东南方向，东靠合庆镇，南邻暮一村，西临川沙路，北靠一心村。村域面积 77.7 公顷，自然村 1 个，村民小组 5 个。村域常住人口 7221 人，男性 3312 人，女性 2909 人；户籍人口 2021 人，外来人口 5200 人，主要来自安徽省六安市、河南省信阳市。60 岁以上人口 1003 人，常住人口老龄化率为 13.9%。村民主要就业行业包括服务业和制造业。2022 年村内主导产业为租赁产业，村集体可支配收入 728.54 万元。

小湾村地形呈长方形，村域内共有河流 10 条，主要河道呈"T"形。小湾村内住宅依水系自然生长，呈聚落布局，沿河流组团布局。村域保留有几栋老屋，保留瓦面单坡，观音兜山墙，白墙灰瓦。街巷入口有标识性门头。

小湾村空间肌理

小湾村空间格局鸟瞰（2023年11月杨崛摄）

村域民居建筑以 20 世纪七八十年代建筑为主，部分后期翻建，建筑的平面布局以"一"字形排布为主，结构体系以砖混为主，部分建筑沿用原有脊饰、屋瓦，表现出与传统元素混搭的风格，结构体系主要为砖混结构。

小湾村现有古桥 3 处，位于小湾村二队和小湾村三队。老街上的长寿庵为土黄色墙面与灰色瓦片屋顶，大门为黑色铁艺装饰金色花草纹。

唐镇小湾村东张家宅 1 号小湾村区公所建于 1934 年，2017 年 1 月被列为浦东新区文物保护点。建筑为江南传统民居样式，坐北朝南，一堂两厢的矩形院落格局。正堂三开间，厢房为三开间。建筑共两进院落，第一进院一正两厢，天井内有半圈回廊；第二进院落同为一正两厢，正堂面向庭院。除二进院配房为歇山顶屋面外，其余建筑屋面均为硬山屋顶。北侧过背弄后为辅助用房，形成两进院落青瓦双坡屋顶。檐下有檐廊，挂落有"喜上梅梢"等传统木雕图案，屋架月梁有木雕图案。墙面为落地长窗装饰有彩色玻璃。建筑结构形式为小木作，砖木结构。建筑外墙为小青砖墙外粉石灰，屋顶为小青瓦，门窗券楣为灰塑或砖砌，柱础、勒脚为深浅不一的灰色石材。整体色彩为白墙、黑瓦与灰色细部相结合，呈朴素的黑、白、灰色调关系。

老护塘又称捍海塘、里护塘、霍公塘。它北起黄家湾，南经顾路、龚路、小湾、十一墩、六团湾等地，再经南汇，沿奉贤、金山的交界处，直至浙江乍浦，全长 75 公里，在浦东境内为 27 公里。老护塘如一串珠光闪烁的项链，悬挂在长江口和杭州湾之间的海岸线上，小湾则是被这串项链串起的众多明珠中的一颗。老护塘经徐路、顾路、曹路、龚路诸路后，往南三里处有一 90°的转弯，曰"大湾"。又三里，塘身稍向西后又继续折回往南，由于弯折较小，故曰"小湾"。

小湾村古桥（2023年9月张正秋摄）

小湾望族张姓一世祖张居隐自北蔡南相公殿迁来已越 500 年，小湾现有古石桥"重庆桥"（永康桥）建于雍正十年（1732），乾隆十七年（1752）朝廷始在小湾设社仓，由此可见，小湾镇的形成当在雍正至乾隆年间，距今约 300 年左右。

据史志记载，老护塘的西侧西运盐河（内护塘港）开挖于南宋绍兴四年（1134），比老护塘晚约 80 年。当时主要为沿海各盐场运盐及灌溉农田所用，河港筑成后，"通漕溉田，民享其利"，运盐船只可直通黄浦（江），《南汇县竹枝词》称："护塘内港运盐河，灶港之东泛绿波。自一团延九团止，盐艘出入必经过。"

老护塘外东运盐河的形成始于元末明初，后有日本西南的封建诸侯汇集部分武士、浪人、商人，史称"倭寇"，经常在江、浙沿海武装掠夺、骚扰。明嘉靖三十二年（1553），本邑太学生乔镗向朝廷请命，沿老护塘外（东）侧开凿一条河道以阻挡倭寇入侵，筑成御寇河，又称"备难河"。老护塘筑成后，塘东的大片海滩迅速成陆，依塘为市的小湾便成为沿海往来之衢路。特别是雍正十一年（1733）钦公塘筑成，此后海岸线东移，在小湾的东边形成合庆、青墩、蔡路和诸码头，待这些地方成为人群聚居地后，小湾便成了南来北往、东西通达的交汇点。往南经暮紫桥可去川沙、南汇；向北可达龚路、顾路、高桥；由东向西便是合庆、蔡路去王家港、虹桥头、唐墓桥、张江栅的必经之地。得天独厚的地理位置，使小湾镇街市的繁荣成为历史的必然。

至清末民初，小湾俨然一座初具规模的江南小镇。1926 年上川小火车通到小湾，更使小湾成为方圆十里内一大重镇。据《王港志》载，旧时镇上主要行业有米行、布庄、杂货三店，木行、药店和轧花、碾米、糟坊、面粉厂等各类店铺；镇上的肉庄、鱼行、饭店、理发店同时有三家以上，还有竹、木、铁铺，豆腐店、地货行、蜡烛坊、糕团店等应有尽有。其中知名的有张合顺、宋永康布米庄三店、敬文酱园和董春和药店。当年，张合顺、宋永康收购的土布曾远销东北三省；董春和药店的风湿药酒方至今还在发挥作用。由于小湾市面繁荣，当年"上川"小火车通到这里时，特意将小湾设为大站，铺设了可供南北车辆交汇的双轨。其

长寿庵（2023年9月张正秋摄）

小湾村区公所鸟瞰（2023年11月杨崛摄）

时，合庆、蔡路，甚至远至白龙港的人去上海县城等地，都从小湾上车，因此还衍生水路接送行业。接送船往返于小湾与合庆，班次按火车经小湾站的时刻而定，虽然一船可载十来个客人，但常有满载。后来又有许多单人划桨小船加入接送行列，由于船小灵活，搭乘一两个客人即可开船，更为便捷。久而久之，便在镇中报恩桥南侧的御冠河上形成船码头，船只少时也有十数条，与南端的渔船码头相映生辉。后来，陆续也有用独轮车

（又称"牛头车"）接送的。有了自行车之后，有人就把自行车书包架作为后座搭客接送，称"二等车"，只要路阔、安全，自行车速度较船只快，亦受人欢迎。这样的情景一直延续到20世纪50年代中期。

中华人民共和国成立后，小湾成为合庆区政府所在地。区公所、文化站、银行、税务所、邮电所、粮管所、供销社、联合诊所、中心校等都陆续在此开设，逐渐成为虹桥人民公社的政治、经济、文化中心。

第一进内院

前廊轩轩顶及雕花屋檐

小湾村区公所（2023年11月张正秋摄）

2.6.3 一心村

一心村位于唐镇东北部，东靠曹路镇星火村，南临牧场河，西临王港路，北靠陈家沟。村域面积 90 公顷，村民小组 10 个（其中 5 个村民小组全部或部分已动迁）。村域常住人口 4177 人，男性 2507 人，女性 1670 人；户籍人口 751 人，外来人口 3426 人，主要来自安徽省淮南市、六安市。60 岁以上人口 450 人，常住人口老龄化率为 10.8%。村民主要就业行业包括工业和服务业等。2022 年村内主导产业为厂房出租产业，村集体可支配收入 520.1 万元；村民人均年收入 5 万元，均为非农收入。

村域内共有河流 5 条，四横一纵，河道宽度约 5 ～ 11 米。村宅整体呈组团式分布，部分自然村为点状分散布局，建筑沿水系线形布局，相对比较集中。民居建筑大部分为 20 世纪 90 年代后期陆续建的欧陆风格民居。

培德商业学校旧址位于一心村。根据黄炎培修《川沙县志》记载，培德堂的建造者姓宋，名如圭，号摺渠，是 20 世纪上半叶上海地区著名的纺织实业家。1920 年宋摺渠建成"培德堂"，奉母命斥资分余屋立学校，建立浦东第一所商业学校"培德商业学校"。

建筑坐北朝南，为三进院落，第一、二进布局均为一正两厢，东西厢房以中轴线左右对称，第三进院落无厢房。建筑整体布局与装饰具有典型的江南民居特色，临河而建，粉墙黛瓦，屋面及观音兜的做法也反映传统民居的风貌，是当地的代表性建筑。

2003 年 3 月 19 日，培德商业学校旧址被登记为浦东新区不可移动文物。建筑于 2009 年完成初次修缮，2015 年前后，屋主自费修缮，目前空置。

培德商业学校旧址（2023年9月季家豪摄）

2.7　金桥镇

金桥镇位于浦东新区中北部偏西地区，西接花木街道、金杨新村街道、浦兴路街道，北邻高行镇，东靠曹路镇、唐镇，南连张江镇，总面积为2528公顷。2022年常住人口约9.14万人。截至2023年底，下辖1个村民委员会、17个居民委员会。

其行政区划演变历程如下。唐天宝十载（751），今镇域属华亭县。元至元二十九年（1292）起隶松江府上海县。1949年后，分属张桥乡、泾南乡、陆行乡等。1950年7月，析洋泾区张桥、泾南、陆行三乡各一部共12个村，置金桥乡隶洋泾区。1956年，撤销金桥、金巷、社庄三个小乡，合并建立金桥乡；撤销钱桥、张桥两乡，与原高桥区划入的西沟乡合并建立张桥乡，隶东郊区、浦东县。1958年，分别成立金桥人民公社、张桥人民公社。1961年，金桥、张桥两公社转隶川沙县管辖。1993年，张桥、金桥两乡同时转隶浦东新区，分别下辖12个和8个村委会，1个居委会。1995年12月，撤乡建镇，分别建立张桥镇和金桥镇。2000年4月，撤销金桥镇和张桥镇建置，建立新的金桥镇。

从金桥出口加工区到国家级经济技术开发区、自贸试验区，金桥形成先进制造业与现代服务业融合的高端产业体系，正逐渐打造世界一流"智造城"。金桥镇是《上海市城市总体规划（2017—2035年）》规划的9个城市副中心之一。

金桥镇全域已基本城市化，目前仅剩一个行政村——王家桥村。王家桥位于金桥镇东南方向，东傍S20外环高速公路，东南邻唐镇新虹村，南邻唐镇新镇村，西近申江路，村域面积66公顷，地形类似两段矩形垂直相接。村内现有户数699户，户籍人口1817人；其中，农业户数196户，农业人口数275人。村民小组数4个，常住人口315人，均为外来人口。浦东开发加快了王桥村城市化进程。1992—2020年经过多次动迁，村域内民居已全部拆除，原有民居已完成拆迁，仅保留一栋废弃厂房，村域内建筑均为安置房，安置区住宅以小高层为主。

王家桥村现状影像图

王桥村新建住宅（2023年8月张正秋摄）

张江镇乡村风貌（《浦东时报》）

03

近郊片区

三	林	镇
张	江	镇
北	蔡	镇
康	桥	镇
周	浦	镇
川 沙	新	镇

近郊片区主要包括三林、张江、北蔡、康桥、周浦和川沙新镇。其中三林、张江和北蔡位于中心城范围，康桥、周浦和川沙新镇等区域已纳入主城片区，但空间区位可称为近郊。面积约284平方公里，2022年常住人口约177.73万人。

伴随盐业、手工业和商贸业的发展，近郊片区历史上形成多个商铺云集的老街重镇，尤以周浦和川沙最为突出。

周浦在隋唐时期就已成陆，北宋时期就在周浦地区设立浦东盐仓，数量众多的海盐在周浦集散，带动商业、手工业的发展，逐渐形成集市。元代，浦东地区盐业生产开始逐渐繁盛，周浦成为食盐输出和生活用品输入的重要码头，人口开始集聚，镇区跨周浦塘和咸塘港成为南北两岸交汇处。明代，浦东地区海岸线加速向东、向南推进，盐业生产逐渐东移南下，周浦一带盐业生产开始走向衰落，农业生产开始兴起，逐渐成为商贸重镇。清代，周浦成为浦东地区最大的粮食集散地，其集镇区继续扩大，成为一个"街道回复，绵亘四五里，东西街夹咸塘港，南北街夹周浦塘，居民稠密"的"通邑巨镇"。上海开埠后，周浦逐渐成为南汇县乃至整个浦东地区的商业贸易中心，享有"小上海"之美称。

川沙在唐朝初期开始成陆，明嘉靖年间（1522—1566）筑城堡，清嘉庆年间（1796—1820）设川沙抚民厅（1810），宣统三年（1911）改厅为县，曾长期是浦东地区的经

近郊片区范围图

济和文化中心，素有浦东历史文化之根的美誉。川沙有近500年筑城史，素有"堡城"之称，至今仍保留着方形城池、护城河环绕的完整格局，是上海现存城池格局完整、传统肌理完好、历史文化遗存众多的古城建置聚落。

从水文地貌来看，近郊片区水道密布，东西向骨干河流主要有川杨河、外环南河、六灶港等，南北向骨干河流主要有咸塘港、外环运河、宣六港和浦东运河等。由于临近中心城，大部分乡村地域已经城市化，但整体仍保留林田水宅的江南水乡风貌。其中，康桥横沔古镇、川沙中市街和六灶港历史文化风貌区等地域，仍保留原有街巷肌理和传统建筑。

3.1 三林镇

三林之名起源于宋代隐士林乐耕及其后裔，在此繁衍成为世家大族，分居三庄（东林、中林、西林），合称三林庄。

三林镇位于上海市浦东新区西隅，东与北蔡镇、康桥镇相邻；南连闵行区浦江镇；西濒黄浦江，同徐汇区华泾镇、长桥街道隔江相望；北依川杨河，与上钢新村街道、周家渡街道呼应。在镇中心偏东南，北起华夏西路，东至杨高南路，南抵外环线，西侧以上南路、三林路、西新港、三林北港及济阳路为界的地带属于东明路街道。镇总面积34.19平方公里。2022年常住人口约32.86万人。截至2023年底，下辖14个村民委员会、69个居民委员会。

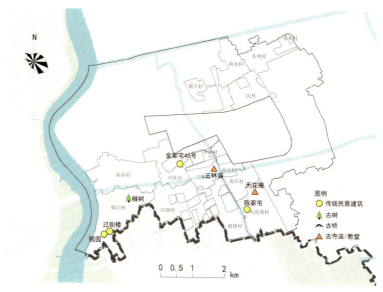

三林镇风貌要素汇总图

三林镇空间格局鸟瞰（2023年8月杨崛摄）

东汉三国前，三林境域还是汪洋一片。两晋时期，渐成陆地。唐代，荒滩上初现田宅，宋代形成村落，三林位于当时的华亭县东北部。元始祖至元二十九年（1292），上海镇升为上海县，建立乡保制度，三林庄在上海县高昌乡二十四保的区域内，名"三林里"。明清沿袭旧制，明洪武六年（1373），设三林庄巡检司于此。清雍正五年（1727）到清宣统元年（1909），逐步推行图保制。光绪时为三林学区。宣统二年（1910），城镇乡自治，三林乡改制为三林区。1912年，实行市乡制，三林区改制成三林乡，杨思桥地区设置杨思乡。1928年，实行省县两级制，三林乡改制为上海县第四区。杨思乡划出上海县，直属上海特别市，成立杨思区公所。1938年4月，成立伪三林区公所；同年10月，改名为伪三林镇公所，属伪上海特别市政府浦东南区公署。1945年8月，上海县政府在三林镇南行街康宅公开办公；是年10月，迁至闵行，三林地区恢复为上海县第四区。1949年5月，三林地区解放；是年6月，分别成立三林区人民政府和杨思区杨思乡人民政府。1954年9月，撤销三林区，成立三林、陈行工作组。1956年2月，撤销工作组，三林地区并成三林乡。1957年7月，成立江苏省上海县三林乡人民委员会和上海市东郊区杨思镇人民委员会。1958年2月，上海县划归上海市；5月，杨思镇并入耀华乡；8月，东郊区改为浦东县；9月，上海县三林、陈行两乡合成立和平人民公社。1984年政社分设，分别建立上海县三林乡人民政府和川沙县杨思乡人民政府。1992年11月，撤销上海县，三林乡划归闵行区。1993年3月，三林乡划入浦东新区。1995年12月，三林撤乡建镇。2000年4月，三林、杨思两镇撤二建一，建立新三林镇。

"三月半"圣堂庙会，是三林古镇地域文化的民俗风情，具有悠久的历史。圣堂，又名"崇福道院"，相传始于三国东吴陆逊（183—245）为母亲所建的家祠。自北宋宣和元年（1119）赐额定名"崇福道院"，至今已有近900年历史。圣堂坐落于三林镇中心，千百年来，百姓期盼风调雨顺，消灾避难，使圣堂这座道教圣地香火不绝。自清代至20世纪80年代末，圣堂庙会每年举行。庙会选在"三月半"，与春和景明、万象更新紧密联系，凝聚着百姓对新一年的美好期盼。2007年"三月半"圣堂庙会被列入浦东新区首批非物质文化遗产名录。从2008年起，每年在三林塘老街成功举办"三月半"圣堂庙会，影响力日益扩大。

三林镇的村庄区域主要分布于外环线以南，外环线以北已基本城市化。目前保留有部分旧时的繁华老街，如筠溪老街，其街巷肌理依旧如初，保留有筠园、过街楼等特色建筑。空间肌理和村庄风貌保存较好的村庄主要有临江村、三民村和西林村。

3.1.1 临江村

临江村位于三林镇西南端，东靠红旗村，南邻闵行区浦江镇，西临黄浦江，北靠新春村。村域面积 376 公顷，自然村 16 个。村域常住人口 10408 人，男性 4860 人，女性 5548 人；户籍人口 4081 人，外来人口 6327 人，主要来自安徽省巢湖市、无为市、蚌埠市等，江苏省启东市、泰兴市等。60 岁以上人口 1191 人，常住人口老龄化率为 11.4%。村域内河荡密布，水网纵横，共有大小河流 76 条，58 横 18 纵相互交织，河道宽度 4 ~ 30 米不等，河网间距约 50 ~ 200 米。

村域整体呈团状集中。西部临黄浦江区域为码头和厂房；中部沿主要道路和河流两侧分布有密集的居住组团，农田与宅基地交织；东部远离黄浦江区域，水田林比例较高，林地集中成片分布。

村域建筑布局与水网分布密切相关。其中，老三林港的兴衰影响尤其深远。村域中心居住组团依林浦南路和浦江河两侧分布；西侧居住组团依老三林塘两岸分布，原三林乡市最大的筠溪老街也位于此；东侧居住组团沿小黄浦江两岸及其支流分布。

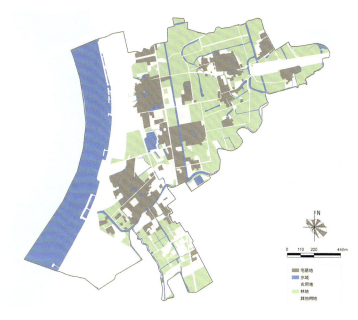

临江村空间肌理

临江村空间格局鸟瞰（2023年杨崛摄）

筠溪老街位于三林镇临江村庞家宅，以姓为名，原名"康庞宅"，曾是三林乡市规模最大者。市西有筠西第一桥，原名"西木桥"，光绪《南汇志》称"庞家桥"；市东有康家木桥，原名"东木桥"，光绪《南汇志》称"康家桥"。后庞姓势超康氏，遂改康庞宅为庞家宅。庞家宅处于三林镇西南，西滨黄浦江，为三林旧港出口处。庞氏先人自江西迁来此处，经数代努力建有规模庞大的庞兴隆宅，分南庞、中庞、北庞，绵延至今有十四代，成为当地望族。

清末，庞家宅南有关港渡，北有王家渡，船工、商贾在此歇脚，遂有商铺、茶馆。1910年代，王家渡造轮船码头，市面更盛，有学校（筠西小学），有烟什店、猪肉鱼鲜店、饭馆、茶馆、织布厂等。1935年建有发电厂（三林电灯公司），后因抗战而中断。发达后，庞家宅改称"筠西镇"（因三林别称"筠溪"）。1949年有店19家，其中烟什店10家、米店3家、理发店1家，豆腐店和茶馆各2家。1952年三林港改道并疏浚，此后商市剧衰。1969年王家渡口北迁，筠西镇逐渐衰落，后演变成临江村。乡村历经变迁，目前保留有一部分老建筑和老街，依稀能看出当年筠西镇的繁荣。

过街楼、筠园、庞松舟和庞锦如旧居三栋建筑特色尤为明显，充分体现了临江村的特色和文化。其中，过街楼旧时为米行，建筑沿筠溪老街两侧"一"字形布置，局部二层有木制过街楼，成为老街上独特的地标。建筑山墙面为米黄色，沿街建筑首层立面涂刷白漆，二层为红色或褐色木漆，屋顶为青瓦。

筠园呈北宅南院格局，院门位于东南方，西侧为三层主建筑，东侧为单层建筑，整体呈"L"形布局。建筑内部装饰古朴，有许多传统家具和中西混合风格的装饰。筠园是上海市非物质文化遗产项目——海派盆景技艺市级代表性传承人庞燮庭的住宅，园内的众多古盆景、庭园造型树等树龄都在百年以上。

庞松舟和庞锦如旧居（庞信隆20号）约建于明末清初，为绞圈房遗存。前埭保留墙门间，无仪门；后埭保留有客堂、东次间和落檐；两侧保留东厢北段和西厢，其余部位为新建2层建筑。建筑外墙为青砖抹灰、木制门窗，屋面为青色瓦片。老宅为砖木结构，穿斗木构为主，局部为抬梁木构。屋顶包含悬山、硬山、歇山等多种形式。建筑正脊原有哺鸡脊，因历史原因脊兽已取下保存。

临江村文化底蕴深厚，历史名人辈出，如清康熙年间（1662—1722）周家楼进士金然、乾隆年间罗汉松诗人金世杰、曾任国民政府粮食部常务次长的庞松舟、国家级本帮菜泰斗李伯荣、名医庞兆祥等。

筠溪老街（2023年8月孙凡摄）

村内现有本帮菜、瓷刻、刺绣、海派盆景等非物质文化遗产。自明清起，三林临江地区就号称"厨艺之乡"。上海本帮菜的一代泰斗李伯荣（1932—2016）即生于浦东三林塘临江村，其父李林根为上海"德兴馆"创始人之一。

清乾隆年间（1736—1795），浦东一带涌现出很多喜欢瓷刻的文人雅士。清光绪年间（1875—1908），三林镇儒商张锦山师从上海瓷刻名家华约三学习瓷刻技艺，其瓷刻作品在本地区颇有影响。20世纪80年代末，自幼绍承家学的张锦山曾孙张宗贤先生，将雕、刻、磨、皱、擦、染等方法与书画艺术融为一体，并将作品从瓷盘、瓷盆发展至花瓶、异型瓷器等种类，还开创性地运用于大型插屏之类作品中，从而一展瓷刻新风，形成一套自己的雕刻语言——三林瓷刻艺术。

三林刺绣是一种源自三林地区的独特刺绣形式，被誉为上海绣艺流派中最具代表性的一种。这种刺绣古称为"筠绣"，是将彩线穿过纺织物并按照设计图案刺绣的传统手工工艺。它融合中国传统四大名绣（苏绣、湘绣、蜀绣、粤绣）的精华，汲取明朝上海露香园的顾绣精髓，注重时尚元素，创造了独特的风格。

海派盆景艺术是中华民族优秀传统艺术之一，是以上海命名的盆景艺术流派。它蕴含文学和美学，并集植物栽培学、植物形态学、植物生理学及园林艺术和植物造型艺术于一体。海派盆景根深叶茂，流布甚广，代表之一是浦东三林庞家盆景技艺。三林临江村庞燮庭为海派盆景市级代表性传承人。

临江村老建筑（2023年8月孙凡摄）

3.1.2 三民村

三民村位于三林镇东南方向,东靠杨高南路,南临华夏西路,西临中汾泾港、联丰村,北靠杨南路。村域面积 0.24 公顷,村民小组 5 个。村域常住人口 589 人,男性 259 人,女性 330 人;户籍人口 53 人,外来人口 536 人,主要来自安徽省界首市、霍邱市。60 岁以上人口 62 人,常住人口老龄化率为 10.5%。2022 年村内主导产业为房屋出租产业,村集体可支配收入 1269.23 万元,村民人均年收入 4 万元。村域内现存民居呈团状散落布局,沿三林北港和联明路分布;共有河流三条,两纵一横,河道宽度约 8～16 米。

三民村内有一处三林庙,位于村内主要道路联明路上,建于明末清初,由汤姓里人将位于黄水溇与西中泾之横港处的草庵改建成四合院,嗣后于庙后植银杏五株(现存两株)。三林庙属于浦东新区文物保护点,为单排一层建筑,坐北朝南,硬山顶,鸱尾完整,穿斗梁架;南面有庭院,以小青砖铺地,院中植被繁茂。2005 年左右,因修建地铁 6 号线,庙后移 20 米。修缮后的三林庙,屋架石础等仍为旧时古物,院门与围墙为新修。

三民村内民居为 20 世纪八九十年代的建筑,建筑以 2～3 层砖混结构楼房为主。建筑墙面材质主要采用水刷石,有些带有图形及文字装饰。围墙由红砖砌筑镂空图案。

三林庙(2023年8月王艺蒙摄)

红砖花窗(2023年8月王艺蒙摄)

三民村空间格局鸟瞰(2023年9月杨崛摄)

3.1.3 西林村

西林村东到长清路，南靠外环线一大道，西临济阳路，北至凌兆路，村民委员会驻地长清路 2228 号。村境内有两条比较大的河道，一条为东西向的三林塘港，一条为南北向的西新港。

1938 年 4 月，伪三林区公所建立，至 1949 年 5 月西林街归属三林镇（集镇）。1949 年 5 月至 1956 年初仍是三林镇（集镇）西林街，含王家库、叶家宅。1956 年建立三林乡第六大社，1957 年改为三林乡二大社，1959 年改为西林生产队，1960 年与三林生产队合并，1962 年仍拆为西林、三林两个大队，1984 年改称西林村至今。

村域面积 1.06 公顷，自然村 1 个，村民小组 7 个。村域常住人口 3721 人，男性 2109 人，女性 1612 人；户籍人口 1005 人，外来人口 2716 人，主要来自安徽省亳州市、阜阳市。60 岁以上人口 596 人，常住人口老龄化率为 16.0%。2022 年村集体可支配收入 715.73 万元，村民人均年收入 3 万元。

村域被外环高速和南北高架路分割成多个区块，外环高速以南主要为林地，夹杂带状聚落；南北高架路以西为新建小区；其余部分为成片农宅和厂区。村域内共有河流 3 条，两横一纵两交织，宽度约 5 ～ 15 米。

三林塘港横穿村域，在北岸形成西林街，和东面的中林街、东林街组成三林老街。相比较东林街和中林街，西林街尚未更新，虽保留了部分老建筑，但整体残缺不全，较为破旧，目前商业氛围不浓。

老街西端有一座寺庙——西昌寺，是由建于宋代的西城隍庙和西昌庵混建而成。1909 年西昌庵和西城隍庙曾改为公立贞固小学堂，后毁于 30 年代炮火，1973 年原庙中四人合抱的古银杏因枯死被砍除后，旧址已无遗存痕迹。20 世纪 90 年代由几位年长女性在旧址搭建一小砖棚，21 世纪初经大规模复建为西昌寺，经历多次修缮和改造，在保留传统建筑风格的基础上，寺庙融入现代元素，既保留古老风貌，又符合现代审美。西昌寺是比较少见的佛教、道教混合的寺庙，寺内有佛教的大雄宝殿和道教的城隍殿，除了供有城隍公外还供奉三官（天官、地官、水官），分指尧、舜、禹，所以又称"三官堂"，以及佛教的露天观音像。门口的牌坊楹联写着：福慧双修年年永兴，佛道共奉代代传承。

西林村门头一（2023年8月汤正生摄）

西林村门头二（2023年8月汤正生摄）

西林村老宅二（2023年8月汤正生摄）

西林村老宅三（2023年8月汤正生摄）

西林村老宅一角（2023年8月汤正生摄）

西昌寺（2023年8月汤正生摄）

3.2 张江镇

据清乾隆五十八年（1793）刊印的《南汇县新志》载：张江栅镇邑北70里，一名"古桐里"。又曰：明代隆庆年间（1567—1572），有姓张名江者，于此开典铺，筑栅为防，渐名"张江栅"。张江镇位于上海市浦东新区腹地，东毗川沙新镇、唐镇，西邻北蔡镇和花木街道，南与康桥镇接壤，北与金桥镇相依，总面积45.02平方公里。2022年常住人口约27.83万人。截至2023年底，下辖8个村民委员会、42个居民委员会。

其行政区划演变历程如下。唐天宝十载（751）置华亭县，长人乡为华亭县一部分。元至元二十九年（1292），析华亭东北境的长人、高昌、北亭、新江、海隅五乡，置上海县，镇域随长人乡划归上海县。清雍正四年（1726），长人乡大部由上海县析置南汇县。镇域属南汇县二十保、十七保。清末至民初，张江大部分属南汇县第七区。1934年分属南汇县第四区、川沙县第一区。1940年，川沙县代管张江栅镇和陈水关桥乡、横沔乡。1949年底建立南汇县北蔡区张江乡人民政府（小乡）。1950年5月6日，张江乡随北蔡区划归川沙县。1957年7月撤区并乡，合并张江、三桥、新桥、新立、马浜五个小乡为张江大乡；12月，成立张江公社、孙小桥公社，归入上海市川沙县。1984年4月，政社分设张江乡和孙小桥乡，分别辖12个和13个村。1993年5月，浦东新区孙小桥乡更名"孙桥乡"。1995年12月撤销张江乡、孙桥乡建置，建立张江镇和孙桥镇。2001年11月，撤销张江镇、孙桥镇建置，建立新的张江镇。

张江镇风貌要素汇总图

镇域范围内的张江高科技园区是浦东开发开放的四个重点开发区域（即陆家嘴、外高桥、金桥、张江）之一，已形成集成电路、生物医药、软件及文化创意等战略性新兴产业集群，积极打造充满活力的国际一流科学城。

镇域内华夏中路以北地区已基本城市化，村落主要分布在华夏中路以南，水道密布，聚落多沿河呈带状、块状分布，仍保留有较多传统建筑和特色风貌要素（主要分布在东南部）。代表性传统民居有艾氏民宅，是浦东地区极为罕见的双绞圈房。另有多处古桥，如立达桥、民星桥、张家桥等。空间肌理和村庄风貌保存较好的村庄主要有环东村、中心村等。

张江镇空间格局鸟瞰（2023年9月杨崛摄）

3.2.1 环东村

环东村位于张江镇东片方向，东靠曹家沟，南临沔北路，西邻中心村，北靠川杨河，是张江镇唯一的规划保护村。村域面积406公顷；其中，水域占比11.26%，林地占比17.18%。自然村1个，村民小组17个。村域常住人口11520人，男性6336人，女性5184人；户籍人口3230人，外来人口7870人，主要来自安徽省、四川省。60岁以上人口2845人，老龄化率为24.7%。2022年村内主导产业为房屋租赁产业，村集体可支配收入1442.59万元；村民人均年收入3.2万元，其中非农收入占比100%。主要农产品有蔬菜，特色农产品有伊莉莎红番茄。

村落空间肌理可见明显的滨海水网特征，河渠纵横交错，民居沿河分布。历史上因水网航道和盐业生产，形成以制盐管理单位"灶"命名的河浜或地名，以及数量众多的木桥、石桥，并衍生出相应的文化习俗。目前，古桥已被水泥桥替代，尚存原有石桥名，以及桥弄里、三灶浜等地名。

环东村为规整的新农村建设区，村落整体为典型的江南水乡风貌，民居多为乡村独栋建筑加院落格局，建造于20世纪八九十年代，砖混结构，2层带阁楼，红色或绿色琉璃瓦歇山或硬山屋面，白色或砖红色瓷砖贴面；少量20世纪80年代初建造的民居为青色素瓦，硬山坡屋面，蓝色玻璃，立面以彩色的碎玻璃做几何形或条线装饰。据介绍，村内新建民居均按照样板区内建筑建造。

村域内有一处碧云净院，原名"三王庙"，是浦东地区迄今所存最古老的佛教道场。平面布局似一座大型四合院，前后两个大殿，左右

环东村空间格局鸟瞰(2023年8月杨崛摄)

两侧是 2 层建筑，右边是客房，左侧是僧侣寮房。寺院山门前方有条河名"山河"，院内有一处空旷的坝子，种着一棵参天古树。

碧云净院建筑为砖混结构。山门、大雄宝殿为重檐歇山顶，是仿明清时期的建筑。大雄宝殿五开间，筒瓦屋面，连廊也铺筒瓦，两侧厢房是小青瓦屋面。建筑多为黄色墙面，有部分马头墙。

村落内河网密布，民居与水系相间布局，酷似荷兰的羊角村（Giethoorn）。经过市级乡村振兴示范村的打造，村域景观呈现"雨中草色绿堪染，水上桃花红欲燃"的景象。桥弄里风貌保护区两水相夹，以水贯通，村落被河道包围，典型的江南水乡肌理。

桥弄里内孙氏老宅，原址经改造后延续江南水乡风格，粉墙黛瓦倒映在绿树及河道旁，如同一幅迷人的古风画卷。孙氏老宅建筑群，原为油漆大亨孙凌熊旧居。墙上凸出的把铜子（形如订书钉的大铁钉，两头弯钩带尖，用于木料间的连接加固）记录着从民国到 20 世纪六七十年代房屋修缮的痕迹。历经风雨，依然能感受到多年前的繁华盛景。

顾家弄是桥弄里现存最古老的弄堂。弄堂曾经是构成近代上海城市空间中最重要的元素，构成千万普通上海人的日常生活空间，是近代上海地方文化最重要的组成部分。桥弄里内现存民居中还有不少保存有绞圈房特征的建筑。

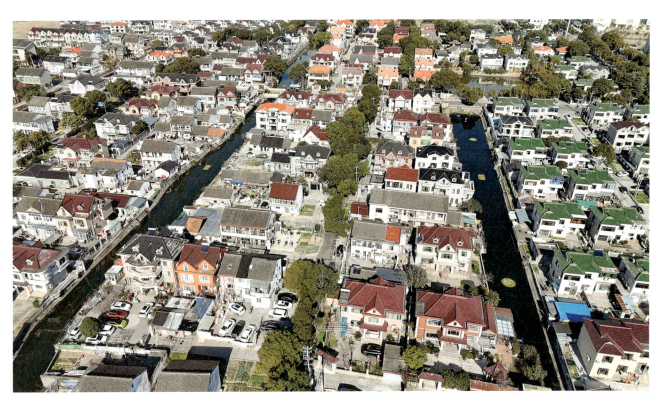

环东村风貌（2023年8月杨崛摄）

碧云净院内外景及细部构造（2023年8月孙亚先摄）

孙氏老宅建筑群及周边环境（2023年8月孙亚先摄）

环东村一直致力于非物质文化遗产的传承和推广。20世纪60年代初，环东村奚保国参加上海市群众艺术馆文艺交流演出，参演节目浦东山歌《问答山歌》被上海人民广播电台录音播放。浦东广大劳动人民在日常生产和生活中，用淳朴的情感、自己的语言创作了大量的歌谣在民间广为流传。2007年6月，开展的"环东大家唱"活动，逐渐把唱浦东山歌发展成环东村"一村一品"的文化品牌。这一举措受到新区文化艺术指导中心及张江镇有关领导的肯定和支持。2010年上半年，奚保国开始着手整理编写浦东老山歌的乐谱，先期完成《对花》《问答山歌》《逢熟吃熟真开心》《郎唱山歌像铜铃》等多首老山歌，后继续整理《踏车山歌》《长工苦》《九行十八镇》等老山歌的乐谱，以更好地传承这一浦东地区的特色传统文化。浦东山歌作为浦东的非物质文化遗产，环东村将致力于其传承与保护。

环东村还通过非遗市集的形式，推广和传播非遗文化。主题为"趣游张江，环东偶遇"的非遗游园会吸引了众多市民游客，让非遗可"赏"亦可"玩"。活动现场不仅有传统的剪纸、捏面人、中国结、花鸟字、棕编等手工类非遗项目，也有糖葫芦、吹糖人、糖画、地方特色美食饮品等食品类非遗项目，让市民一边享受非遗美食，一边学习非遗知识。

在"夏季村晚"的演出地环东生态园内，安排了许多有非遗元素的精彩节目：木偶戏《偶戏奇观》、沪剧《小月亮》、浦东山歌《新时代的好学生》《乡村人才公寓赞》、皮影舞《双人皮影舞》，让孩子们大声叫好，大人们梦回童年。

皮影戏是国家级非遗项目，也是电影、木偶剧等艺术形式的鼻祖。上海第一座以海派皮影为主题的文化园就坐落在环东生态园，现场还安排了丰富的皮影体验，游客可参与皮影知识科普、皮影制作、皮影戏观赏等活动项目。近年来，张江镇还创排了浦东山歌与海派皮影相结合的节目，"强强联手"丰富非遗的艺术表现力。

桥弄里入口及内外环境（2023年8月孙亚先摄）

3.2.2 中心村

中心村位于张江镇东南方向，东靠环东村，南邻长元村，西临横沔江，北靠三灶浜。村域面积 210 公顷，自然村 47 个。村域常住人口 11140 人，男性 6220 人，女性 4920 人；户籍人口 4413 人，外来人口 6727 人，主要来自重庆、河南、安徽等。60 岁以上人口 1766 人，常住人口老龄化率为 15.8%。外环高速南北贯穿村域，将村域分为东西两个片区：东片区林地集中成片；西片区南部林水交织。村宅呈团状集中，建筑沿水系、道路，以组团散落为主。

村宅建筑主要为集中居住地块的新建建筑，以及少量 20 世纪七八十年代建造，后期

中心村空间肌理

张江镇中心村空间格局鸟瞰（2023年8月杨崛摄）

翻新的建筑，表现出与传统元素混搭的风格。建筑层数主要以 2～3 层为主，结构体系主要为砖混结构，材质为砖、石与混凝土，立面材料主要为白墙漆、瓷砖。屋顶形制较统一，但有别于传统坡屋面的做法，装饰构件中更多融合西方建筑元素，以红、蓝色琉璃瓦屋面为主；传统建筑留存较少，主要有艾氏民宅和一些残留的"一"字形老宅。

艾氏民宅是浦东新区第一批文物保护点，由艾氏家族第十四代祖先艾鑫建造。房屋初建为绞圈房，后又加建两侧厢房与正面偏房，现存大小房屋 27 间，由东西两个四合院组成，是浦东当地极为罕见的"双绞圈"房子。东庭心 46 平方米，西庭心 66.2 平方米，中间为过道。正房内悬挂宣统元年（1909）十月题写的匾额"恒心堂"，已有 100 余年历史。正厅有四扇蠡壳窗，其方格内采用牡蛎壳采光。

艾氏民宅位于两条河交汇处，四周有多株百年古树被挂牌保护，建筑和环境均保存完整。

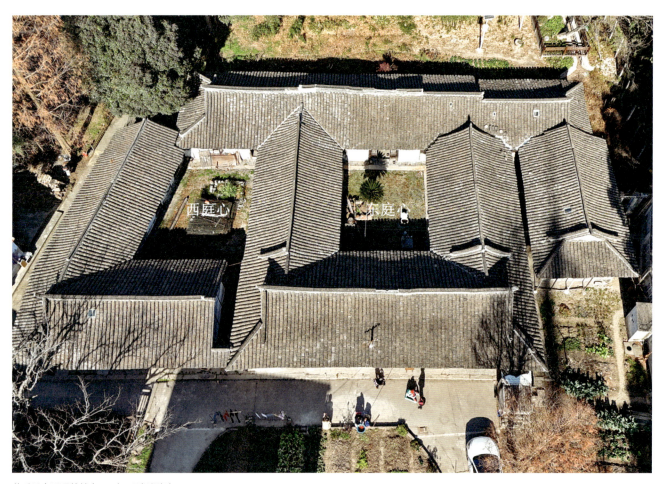

艾氏民宅屋顶航拍（2023年8月杨崛摄）

艾氏民宅（2023年8月曾文韬摄）

艾氏民宅周边的百年古树（2023年8月曾文韬摄）

3.3 北蔡镇

北蔡镇位于浦东新区西部，东临张江镇，南连康桥镇，西接三林镇、周家渡街道和南码头街道，北依花木街道，总面积23.71平方公里。2022年常住人口约29.16万人。截至2023年底，下辖9个村民委员会、65个居民委员会。

早在南宋绍熙年间（1190—1194），蔡功来此落户于白莲泾东岸。南宋嘉定元年（1208），蔡功兴建崇庆教寺，蔡氏子孙繁衍至白莲泾南北两岸，即北蔡家宅和南蔡家宅。其时北蔡地区归华亭县，隶属浙江西路嘉兴府。元至元二十九年（1292），华县分置上海县，北蔡为上海县地，隶属江浙行省松江府。关于北蔡之名，最早见于嘉靖《上海县志》，至明永乐二年（1404）已见北蔡市的记载，其时金山卫六千户所屯仓筑于此。清雍正四年（1726），又自上海县分置南汇县，北蔡属南汇县管辖，隶属江苏省松江府。建立乡、保、图建置，北蔡为长人乡二十保的一图、十四图、二十四图和二十六图，一直到1910年代。乡、保、图分别由地方董事（乡

董、经董、图董）掌理，催征地赋由地保负责，维护治安则有汛地官。1934年后，国民政府推行区乡保甲制。1949年后废除保甲制，实行区乡村建置。1957年撤区并乡，逐渐与农业生产组合。1958年人民公社化时政社合一。1984年4月，仍改人民公社为乡（镇）村体制，建北蔡乡人民政府。1986年3月，撤销北蔡乡，建立镇辖村的北蔡镇人民政府。2001年5月，原六里镇建置撤销，其行政

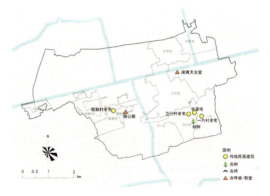

北蔡镇风貌要素汇总图

北蔡镇鸟瞰（2023年9月杨崛摄）

区域范围内的 0.85 平方公里划归南码头街道（暂由北蔡镇托管），其余并入北蔡镇。2009 年 4 月 24 日，撤销上海市南汇区，其行政区并入浦东新区后，北蔡镇成为大浦东腹地。镇域范围内的北蔡楔形绿地，是上海市十片楔形绿地之一，规划面积约 10.6 平方公里，成为浦东最大的"城市森林"。

北蔡镇属于中心城范围，村落主要分布于东部及西南部，多数村落因城市建设已经或正在拆迁，保留的传统民居、古树名木等不多，空间肌理和村庄风貌保存较好的村庄主要有卫行村、一六村等。

3.3.1 卫行村

卫行村位于北蔡镇东南方向，东靠一六村，南邻康桥镇，西临中心河，北靠华夏西路。村域面积 60 公顷，自然村 1 个，村民小组 5 个。

村域常住人口 4658 人，男性 2510 人，女性 2148 人；户籍人口 452 人，外来人口 4206 人，主要来自安徽省六安市、重庆市。60 岁以上人口 1072 人，常住人口老龄化率为 23.0%。

村域内共有河流 15 条，五横六纵四交织，河道宽度约 18～22 米。卫行村地形十分规整，被两条河道划分为近乎三等分，建筑群体沿河分布，沿路而建，坐北朝南，东西向呈"一"

卫行村空间格局鸟瞰（2023年9月杨崛摄）

字形排列在路和河道两侧，南北纵向呈鱼骨状排列。建筑多为单排独栋民居。

村域内有两栋传统建筑，张家宅和朱家宅，分别为"一"字形和"工"字形平面布局；皆为砖木结构，木制梁架；墙体青砖并抹灰；望板为底，青瓦于上，呈现粉墙黛瓦的典型江南民居形象。村内有两株古木，一株是树龄 80 年的榉树，为三级保护资源，位于张浜队曹家宅 5 号；另一株为 80 年树龄的榆树，位于沈家队 100 号。

卫行村空间肌理

卫行村朱家队朱家宅（左）、张家宅（右）（2023年8月张正秋、祝贺摄）

卫行村民居现状（2023年9月祝贺摄）

3.3.2 一六村

一六村位于北蔡镇东南方向，东靠张江镇庵东村，南邻张江镇钱堂村，西邻北蔡镇卫行村，北靠北蔡镇五星村。村域面积 127 公顷，村民小组 6 个。村域常住人口 2541 人，其中户籍人口 785 人；户籍男性 378 人，户籍女性 407 人；外来人口 1756 人，主要来自安徽省、河南省、湖北省、江苏省、山东省、四川省、重庆市等地。60 岁以上人口 401 人，户籍人口老龄化率达 51%。

2022 年村内主导产业为房屋租赁，村集体可支配收入 1136.71 万元；村民人均年收入 3.5 万元。耕地经营权流转率 100%，但无农业规模化经营。

一六村地形呈长方形，村内南北向罗山路将村子分为东西两部分，罗山路西侧主要为民居和农田，东侧为松下能源（上海）有限公司。

村域内共有河流 16 条，十二横四纵，河道宽度约 4 ～ 5 米。东边有南北向的三八河，河宽 20 米，可通航 15 吨船只；东西向的大浦港和张家浜只能通航 10 吨以下船只。

一六村建筑群体沿河分布，住宅依水系

一六村空间肌理

一六村鸟瞰（2023年9月杨崛摄）

一六村沿水塘建筑空间(2023年8月祝贺摄)　　　　　　　　　　打莲花(《浦东时报》)

自然生长，沿路而建，坐北朝南，东西向呈"一"字形排列在路和河道两侧，南北纵向呈鱼骨状排列。建筑多建于 20 世纪 90 年代，立面采用水刷石加菱形组合装饰，配以横向线条。山墙顶部有三角形矩形对称装饰图案，部分现代建筑采用西式外窗及栏杆装饰。

　　一六村境域属长江三角洲冲积平原。长江水夹带泥沙沿海岸线南下，在与钱塘水汇合时沉积下来，千百年后逐渐形成浦东平原的大部分。据《新唐书·地理志》及后来的《云间载》记载："盐官有捍海塘堤，长达一百多里，唐开元元年（713）重筑。"公元 8 世纪前后，海岸线推进到宝山的月浦、江湾，浦东的北蔡、周浦、下沙一带。沿海人口日益增加，为了抵御咸潮的入侵，民圩土堤随之兴筑。至唐代开元（713—741）初，才有完整的海塘。在民圩土堤的基础上加以重筑。重筑的古捍海塘址由浦东的北蔡、周浦、下沙一线，再向南进入奉贤境内，因此又称"下沙捍海塘"。下沙捍海塘为引潮煮盐，建立盐场，发展盐业生产创造了条件。南宋建炎初（1127），在下沙始投盐监。滩涂的淤涨为里护塘的兴筑奠定了基础。

　　一六村成陆约在唐代（8—9 世纪），距今约 1200 年左右。因村内有一六庵，所以在 20 世纪 80 年代初原胜利大队易名"一六大队"。一六庵建于明代，历史悠久，香火兴旺。清乾隆五十三年（1788）和同治二年（1863），曾两度重修。到 20 世纪上半叶，庵堂的西首开设药店、染店、轧米厂、杂货店等多家店铺，形成小有名气的一六集市。1949 年后，在国家的保护和扶持下，这些小本经营者在自身收益的前提下，惠及周边百姓，成为便民服务和繁荣社会的闪光点。20 世纪 90 年代后期起，一六村先后有松下电池厂、手套厂、顺协厂、汽车空调配件厂、申益橡塑厂、舟华厂、智林装饰厂等企业落户。

　　"打莲花"是一种民间舞蹈形式，也是一六村最具代表性的民间文化，由 1949 年前的民间老艺人一起切磋而成。打莲花又名打连厢、金钱棍、打花棍，是过去传统节日中常见的舞蹈形式。人们利用自家种植的竹子，拿长三尺左右的竹竿，两端挖出小缺口，分别串上一叠铜钱。表演时，用右手抓住中间，或上或下，或左或右，敲击自己的肩、腰、背和四肢，或敲击地面，或与其他舞者对敲，敲击时发出悦耳的响声。这时铜钱的响声代替了锣声，拍打声替代了敲击声，是一种民间的实用乐器，人人都会表演。舞蹈的内容有扫地盘子、黄龙缠腰、跑马射箭、仙女摘花、滚龙莲香、观音坐莲等，人数不拘，形式多样，表演欢腾跳跃、生动活泼、强身健体、广受喜爱。2009 年，打莲花被授予"浦东新区非物质文化传承"证书。一六村金桥队村民倪凤兰、顾月凤女士，分别被上海市浦东新区文化广播影视管理局认定为浦东新区非物质文化遗产项目打莲花第一代、第二代传承人。现在，打莲花在北蔡一六村地区广为流传。每逢过年过节，爷爷奶奶、叔叔阿姨、弟弟妹妹都会舞起打莲花庆祝美好的生活。

3.4 康桥镇

康桥镇因镇域内有座康家桥，1992 年南汇县人民政府在镇域所在地创办康桥工业区而得名。

康桥镇地处浦东新区腹地，北与北蔡镇和张江镇毗邻，南与周浦镇接壤，东与川沙新镇相连，西与三林镇相依，总面积 41.55 平方公里。2022 年常住人口约 29.45 万人。截至 2023 年底，下辖 11 个村民委员会、51 个居民委员会。

其行政区划演变历程如下。元至元二十九年（1292），镇域属上海县长人乡。清雍正四年（1726），属南汇县长人乡十七保。中华人民共和国成立之初，周浦设市，康桥镇域

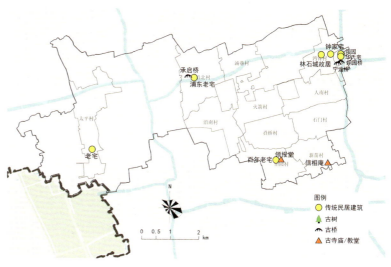

康桥镇风貌要素汇总图

康桥镇空间格局鸟瞰（2023年9月杨崛摄）

属周浦市管辖。1951 年底，周浦市撤销，康桥镇域为沈庄区管辖，并分设沿南乡、中心乡、秀康乡、怡园乡、横西乡、沿北乡、礼西乡和横河镇。1957 年，南汇县实行撤区并乡，康桥镇域成立中心乡和横沔乡。1958 年，实行人民公社化，康桥镇域属中心人民公社，后改为周浦人民公社。1992 年 5 月，南汇县人民政府在以康桥村为中心的 10 个村创立工业开发区，定名"上海浦东康桥工业区"。1994 年，升格为市级工业区；同年 8 月，实行撤乡建镇，康桥村所在的周西乡改名"康桥镇"。2000 年 7 月，康桥、横沔两镇合并，定名"康桥镇"。以康桥工业区为依托，康桥镇成为浦东的工业强镇。

康桥镇罗山路以西主要为园区和城市化地域，而村域则主要分布于罗山路以东。保留的传统民居主要有翊园、华氏宅等，另有宁远桥、承启桥等多处古桥。空间肌理和村庄风貌保存较好的村庄主要有沔青村、沿北村等。

横沔古镇位于康桥镇最东端，横沔港与盐船港的交汇处。成陆之初为烧盐之处，因地形如盘，在宋代称"吉氏盘"。在元代，横沔港名"沔溪"，故集镇亦称沔溪。至清代，因横沔港、摇纱港、盐船港三港构成一根飘着三角旗的旗杆，故在当地形成歇后语："旗杆跌倒——横眠"，后将集镇改名"横沔"。又因整个集镇形状如乌龟，故又有"横沔乌龟直六灶"之顺口溜。2005 年 10 月，横沔古镇被列入历史文化风貌区。

位于横沔古镇东市梢的翊园，又称小哈同花园、陈家花园，始建于 1921 年，园主横沔老镇人陈文甫，为上海滩知名的冒险家犹太人哈同全盛时期的管家，也是哈同妻子罗迦凌的义子。或许是与哈同的这一层关系，使得整个园林都是模仿上海哈同花园而建，风格上中西合璧，相映成趣。园区内有三大类文物非常珍贵。一是古树名木，包括百年凌霄、百年枸骨、雪松等数十个品种；二是罕见奇石，除众多水生太湖石外，还有号称江南三大名石之一的端云峰，以及国内目前唯一一块汉白玉灌铅字石碑，神秘的一年四季长青苔的千层石等；三是地景文化，大大小小有数十幅之多，专家们认为，其数量之多、内容之丰富、制造之精美、保存之完好，"举世无双，天下第一"。翊园现为上海市民政第二精神卫生中心。

3.4.1 沔青村

沔青村位于康桥镇正东方向，东靠张江镇新丰村，南邻人南村，西邻人西村，北靠外环林带。村民小组9个。村域常住人口951人，男性502人，女性449人；户籍人口344人，外来人口607人，主要来自河南省信阳市、湖北省黄梅市。60岁以上人口387人，常住人口老龄化率为40.7%。2022年村集体可支配收入364.63万元；村民人均年收入3.6万元，其中非农收入占比99.9%。现有农民专业合作社2家，3个村民小组开展了农业规模化经营，实现农业规模化经营土地120亩（8公顷），耕地经营权流转率100%。外环高速、沪芦高速、度假区高架路、磁悬浮、申江南路都从村域穿过，造成整个村域空间严重分割。外环高速以北为工业园区，以南为康桥生态公园。现状农宅集中在外环高速以南、沔青公园以东。

沔青村空间肌理

沔青村空间格局鸟瞰（2023年8月杨崛摄）

沔青村绞圈房（2023年8月李国文摄）

村域内水道密布、河道纵横，村域内共有河流45条，十七横二十八纵七交织，河道宽度约3～6米；湖荡1片，面积约8～9公顷；河网间距约60～140米，田块尺度约425亩（28.33公顷）。村域南部生态环境良好，田、林、水、路、宅、院、园等田园水乡风貌要素保存完好，呈现农田环绕、河港交叉、林水交织的景观格局。

聚落散落在村域东南区域，被城镇住宅用地分割为两个片区，各片区聚落整体呈团状集聚，建筑沿河、沿路行列式布局。

村域内有一处不完整的"回"字形绞圈房，采用穿斗式木构，双坡悬山顶，粉墙黛瓦，木色墙板，木门窗与粉白砖墙、小青瓦，共同构成江南水乡民居色调。

沔青村老宅（2023年8月李国文摄）

3.4.2 沿北村

沿北村位于康桥镇中部，东靠汤巷馨村，南邻沿南村，西邻康桥半岛，北靠环城绿带。村域面积 249 公顷，自然村 1 个，村民小组 3 个。村域常住人口 1100 人，男性 600 人，女性 500 人；户籍人口 320 人，外来人口 780 人，主要来自安徽省六安市、江苏省兴化市。60 岁以上人口 85 人，常住人口老龄化率为 7.7%。村民主要就业行业包括：制造业、服务业、农业。2022 年村内主导产业为农业，主要农产品为水稻，村集体可支配收入 275.37 万元，村民人均年收入 3.6 万元，其中非农收入占比 75%。

村域内，在外环公路北侧，产业园区和现代化的商品房拔地而起；中部区域正在打造康桥外环生态园沿北段，预示着这片土地的未

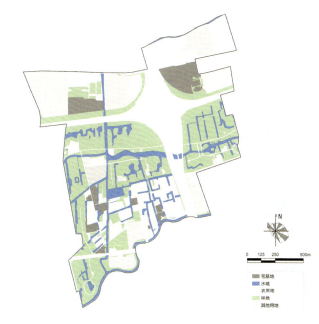

沿北村空间肌理

沿北村空间格局鸟瞰(2023年9月14日杨崛摄)

来将更加注重生态与可持续发展。村域内共有55条河流，二十五纵二十横十交织，河道宽约2～8米。湖荡稀缺，仅见一片。田野间，阡陌纵横，一幅宁静而富饶的乡村风景。

沿北村的建筑群大多建于20世纪80年代初，以2～3层砖混结构楼房为主。建筑外立面材料一层多贴瓷砖，二层及以上部分采用带图案的彩色水刷石或者全彩色瓷砖贴面，使得整个建筑外观别具一格。屋顶形式主要为双坡顶，采用木屋架或钢木屋架、木檩条和木望板，铺设各种瓦片，既坚固耐用又富有传统韵味。据走访了解，这些建筑目前大多出租给外来人员居住，而当地的原住民则多为老年人。

沿北村十组，双沿西路东侧，卖盐浜与牌楼港之间的外环高速公路560米生态林带区域内建设有"浦东老宅"。2010年"浦东老宅"被上海大世界吉尼斯认证为"用拆迁老建筑构件建造的最大建筑群"。

浦东老宅是由镇里原上海康茂绿地有限公司总经理、退休干部王炎根，用十余年时间，以收旧拼旧而成的清末民初老宅院。占地面积4万平方米，已建成建筑204间，石场地350平方米，共使用老门窗1018扇、老旧梁柱1739根、老椽子1.8万根、旧黄道砖140万块、旧瓦片160万张、瓦板砖41万块、滴水瓦1.6万副。在收集老旧建筑构件的同时，还收集有历史价值的农具、家具、生活用具等。

浦东老宅参照浦东民居建筑布局，整个建筑群落分为两大部分：一为单体民居展示区，有墙门间、客房、客堂、厅堂、仪门等单体浦东民居建筑；二为整体民居展示区，有富裕户、小康人家、佃户、贫困户及知青等浦东地区不同阶层典型民居建筑。周围配置小桥流水、碧波荡漾、花果围绕、鸡啼鸭鸣的江南水乡环境，真实还原清末民初上海浦东农村各阶层居民的生活起居空间。

浦东老宅的建成，留下宝贵的浦东民居建筑文化。同济大学国家历史文化名城研究中心主任阮仪三教授曾多次带领团队到访，阮教授说："这些东西留存下来就是一项很重要的人类文化积淀，也是我们自己留下的城市和家乡的一种记忆。"

浦东老宅风貌照片 (2023年8月李睿摄)

3.5 周浦镇

周浦镇因四周河道如网而得名，又名"杜浦""澧溪""七家村"等。在清代即有"浦东十八镇，周浦第一镇"之称。特别是上海开埠以后，周浦作为浦东货物集散地，经济快速发展。至20世纪上半叶，周浦镇商号多达数百户，时有"小上海"之称。

周浦镇地处上海市浦东新区西端，西邻闵行区浦江镇，北接康桥镇，东靠川沙新镇，南与航头镇和新场镇接壤，总面积42.68平方公里。2022年常住人口约24.29万人。截至2023年底，下辖10个村民委员会、47个居民委员会。

其行政区划演变历程如下。唐天宝十载（751）始，隶属华亭县。《光绪南汇县志》："周浦镇。县西北四十八里。一名'村浦'。元置下沙村浦巡检司，后他徙。明嘉靖间置三林巡检司。"元至元二十九年（1292），隶属上海县。清雍正四年（1726），隶属南汇县。清宣统元年（1909）设周浦乡。1912—1914年，周浦曾称市。1949年5月至1951年8月，周浦也是市的建置。1958年12月建周浦公社，1984年置乡，1994年6月撤销瓦屑乡，建立瓦屑镇。1995年6月建镇，辖11个村。2002年6月撤销周浦镇、瓦屑镇建置，建立新的周浦镇，辖13个村。

周浦是中国民间艺术（书画）之乡，清代有著名天算家贾步纬（约1840—1903）；近代有著名书法家苏局仙（1882—1991），针灸名医杨永璇（1901-1981）；现代有著名文学家、艺术家、翻译家傅雷（1908—1966）。

调研发现，周浦镇乡村地区水道密布，田林交错，聚落多沿河、沿路呈带状或团状分布；仍保留多处传统民居建筑、古树和古桥等，如顾家宅、张家宅、德润桥、永定寺等，延续

了完整的江南水乡风貌。空间肌理和村庄风貌保存较好的村庄主要有棋杆村、界浜村、瓦南村等。

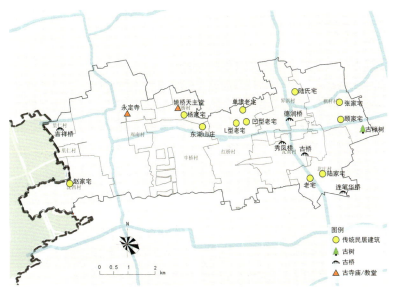

周浦镇风貌要素汇总图

周浦镇鸟瞰（2023年9月杨崛摄）

3.5.1 棋杆村

棋杆村位于周浦镇东北部，东靠川沙新镇，南邻周浦镇北庄村，西邻瓦屑社区，北靠迪士尼国际旅游度假区。棋杆村于 2002 年 11 月由原棋杆村、平桥村合并组成。村域面积 430 公顷，村民小组 24 个。村域常住人口 4576 人；户籍人口 3886 人（其中常住户籍 1876 人），外来人口 2700 多人。60 岁以上人口 1135 人，常住人口老龄化率为 24.8%。村民主要以务农、农业合作社零工、外出务工为主。2022 年村内主导产业为农业，村集体可支配收入超 600 万元；村民人均年收入超 3.9 万元，主要农产品有水稻，特色农产品有葡萄。

村域内河荡密布，水道纵横，南侧林地集中成片分布，中部农田与河网交织，北部为大片湖荡水面。聚落多沿河分布，呈团状散落形态。

棋杆村现存顾家宅和张家宅两栋百年绞圈房老宅。顾家宅是目前周浦镇棋杆村保存比较完好的一幢清代民宅，由顾氏东川公支十一世孙顾立岗（字南山）起造于清代道光年间（约 1830），历时十几年方告完工。正厅堂号"承裕堂"，由十三世顾槐塘、顾莲塘刻写。作为上海郊区典型的绞圈房，其体量之大、保存之完整为同期少见。

棋杆村航拍（2023年8月杨崛摄）

顾家宅屋连屋，脊连脊，前有门棂屋或围墙，中有天井，符合藏风聚气的风水要求。有正后埭五间、前埭五间、东西厢房各两间，前后左右有走廊相通。前埭与厢房之间、后埭与厢房之间都有过弄，可通宅内行人。东西再有包蔽后舍各七间，包蔽屋与正屋之间各有南北长弄，长弄两端装有可靠木门。老宅共有28间，占地2亩多（约1333平方米）。

顾家老宅为木结构，外墙面为砖墙外粉石灰，朝外的立面以竹篾护壁，尤显苍劲。屋面为歇山顶，屋脊相连。天井四角的屋面有四道斜沟排水，底瓦用特制大号瓦，天井地下有暗道排水，畅通无碍。老宅前埭的头次间被其作为中医诊所。顾家宅2017年被公布为浦东新区文物保护点，2023年已全面完成修缮，并由村委整体规划打造，计划向公众开放。

顾家老宅迄今已有近200年历史，承接了祖辈的开拓，见证了社会的发展。顾家老宅文化院编撰有《老宅文化：浦东风情》等书册，以记录传承浦东的老宅文化。

张家宅位于棋杆村平桥469号，建于清末民初。1949年前有14间厢房，后随家庭成员增加，在两侧新建多间房屋。20世纪80

棋杆村顾家宅航拍（2023年8月杨崛摄）

棋杆村顾家宅内院实景（2023年8月苏婉摄）

棋杆村顾家宅屋面细部（2023年8月苏婉摄）

棋杆村顾家宅竹篾护壁（2023年8月苏婉摄）

棋杆村顾家宅梁架结构及屋顶细部（2023年8月陈峰摄）

棋杆村顾家宅承裕堂屋顶细部（2023年8月苏婉摄）

年代，家族中的部分小家庭在老宅附近盖了新房，并按当时政策拆除绞圈房内的老屋，老宅渐渐步入破败。张家宅临河布置，"回"字形平面布局，中间天井呈正方形，形制至今保留完整，但整体较为破旧残缺，亟待修缮。

张家宅为木结构，骨架为全木榫卯衔接，"檐牙高筑，勾心斗角"，抗风、抗震性能极佳。外墙面为砖墙外粉石灰，墙裙为浅灰色涂料。木构架为褐色，屋面为歇山顶覆小青瓦，屋脊相连。院落以青砖席纹铺地为主。

棋杆村张家宅航拍（2023年8月杨崛摄）

棋杆村张家宅（2023年8月苏婉摄）

3.5.2 界浜村

界浜村位于周浦镇东北方向,东靠棋杆村,南邻瓦南村,西邻红桥村、康桥镇新苗村,北靠康桥镇赵行村、新苗村。村域面积327.3公顷,自然村24个,村民小组18个。村域常住人口5862人,男性2859人,女性3003人;户籍人口1650人,外来人口4212人,主要来自安徽省阜阳市、河南省信阳市。60岁以上人口1850人,常住人口老龄化率为31.6%。村民主要就业行业为农业和制造业。

村域内共有大小河流106条,河道宽度约2~53米。自然村以点状分散布局,田、林、水、路、宅、院、园等田园水乡风貌要素保存完好,呈现水道密布、林田交织、依水聚居的整体空间格局。

村域内现有古桥一处,名"德润桥",地址为界浜村十一组;建于清乾隆四十三年(1778),东西向横跨于西黄泥浜上。因跨过洋口,又称"跨洋桥",桥身刻字依旧清晰可见。该桥仍可正常使用,并被列入区级不可移动文物保护名单。2017年,为更好地保障

村民出行,界浜村加固德润桥栏杆和周边河堤。2018年,界浜村顶住项目成本增加的压力,弃选了会破坏德润桥的外环运河延伸段的设计方案,重新规划,合理保护和利用古桥,实现对文物最大的尊重。

界浜村村落约形成于清代,曾因张氏花园宅而得盛名,2002年原界浜村与原窑墩村合并成为新的界浜村。1932年黄宾虹、张大

界浜村空间肌理

界浜村空间格局鸟瞰(2023年8月杨崛摄)

界浜老街（2023年8月李国文摄）

德润桥（2023年8月李国文摄）

界浜老街民宅老虎窗（2023年8月李国文摄）

福良送戏（界浜村村民委员会供）

德润桥柱身铭文（2023年8月李国文摄）

千等书画泰斗曾至瓦屑赏桃花，并留下《红梵精舍图》，归后黄宾虹著《周浦纪游诗十六首》。

浦东宣卷是2014年经国务院批准列入第四批国家级非物质文化遗产名录的一种传统戏剧。界浜村张福良是国家非物质文化遗产浦东宣卷的传承人，主要演唱农村事、身边人。界浜村邀请张福良开班教学，以非遗传承室为平台，定期开展"福良送戏"的乡村文化项目，让村民感受非遗文化带来的乐趣。

村中保留有界浜老街。老街建筑平面布局以"一"字形为主，多采用穿斗式结构，屋顶采用双坡悬山或歇山顶，立面为砖墙外粉石灰、木色墙板、木门窗与粉白砖墙、小青瓦构成粉墙黛瓦的江南水乡民居色调。

3.5.3 瓦南村

瓦南村位于周浦镇东南，于2002年11月由原瓦南村、陆弄村合并组成。瓦南村东靠沪芦高速公路，南与北庄村为邻，西与红桥村连接，北靠瓦屑社区，村域面积约460公顷，下设23个村民小组。全村总户数1429户，人口3475人。其中，农业人口582人，非农业人口2893人；男性1718人，女性1757人。

瓦南村的文化特色有锣鼓书、浦东说书、浦东派琵琶演奏技艺、钱万隆酱油酿造工艺、上海港码头号子、卖盐茶等民俗文化。乡村美术馆是镇团委送文化进乡村的一次探索。镇团委引导青年文化带头人走进周浦镇内其他乡村，把艺术的魅力传递到美丽乡村，带领更多人参与乡村振兴。乡村美术馆启动后，每两周开展一次活动，活动内容包括水彩、写生、送画展下乡等，通过艺术的形式带领村民发现身边的美，让每位村民都能成为乡村艺术家。

瓦南村空间格局鸟瞰（2023年8月杨崛摄）

梁式古桥（2023年8月刘生摄）　　　　　　瓦南村老建筑（2023年8月刘生摄）

瓦南村空间肌理

周浦镇乡村美术馆项目启动

3.6　川沙新镇

川沙新镇地处浦东新区地理中心位置，东与祝桥镇接壤，南与宣桥镇、祝桥镇相邻，西与张江镇、康桥镇、周浦镇、新场镇相连，北与唐镇、合庆镇毗邻，总面积96.70平方公里。2022年常住人口约34.13万人。截至2023年底，下辖六灶、六团、黄楼、城南、华夏、城厢6个社区，42个村民委员会，52个居民委员会。

川沙因其境域东海滩有川沙洼而得其名。川沙地处海疆，历来是移民开垦、抗击倭寇、海洋防汛的扼要之地。元至元二十九年至明正统十四年（1292—1449），境域属八团镇、长人乡十七堡、六团、七团，隶属松江府上海县。明嘉靖三十六年（1557）在川沙洼以西的八团镇筑川沙堡城，八团镇改名"川沙堡"，

遂得川沙之名。清雍正四年（1726），境域属川沙堡城区，长人乡十七堡三区、四区、六团、七团，隶属南汇县。嘉庆十五年（1810）置川沙推进抚民厅，境域不变，隶属川沙抚民厅和南汇县。宣统元年（1909），境域属川沙厅城厢区，南汇县横洒乡、六灶乡、陈桥乡。1912年，城厢区改为川沙县川沙市，其他不变，境域属江苏省川沙县、南汇县。1929年，境域属川沙县第一区、南汇县第三区（部分）。1934年，境域川沙县第一区礼仪镇、廉耻镇，南汇县第三区陈行乡、龄楼乡、储乡、黄楼乡、三房乡。抗日战争时期，境域不变，隶属日伪上海特别市政府川沙县（川沙区）、南汇县（南汇区）。抗日战争胜利后恢复抗战前建置，隶属江苏省川沙县、南汇县直至解放。

川沙新镇空间格局鸟瞰（2023年8月杨崛摄）

川沙城历为厅治、县治、乡治、镇治。1949 年 5 月至 1950 年初,境域为川沙县城厢区东镇、西镇、城西乡、三灶乡、横东乡等,隶属苏南行政公署松江专区川沙县、南汇县。1951 年 1 月至 1954 年 12 月,为城厢镇、城南区城西乡等,隶属江苏省松江专区川沙县。1957 年 1 月,为城厢镇、三房乡、施湾乡(部分)等。1958 年 9 月,为星火人民公社、英雄人民公社等。1958 年 12 月,为城镇人民公社、江镇人民公社,隶属上海市川沙县。1959 年 5 月,为城镇人民公社、黄楼人民公社、江镇人民公社(部分)、施湾人民公社(部分)。1961 年 11 月,为城厢镇、城镇人民公社、黄楼人民公社、六团人民公社。1984 年 3 月,为城厢镇、城镇乡、黄楼乡、六团乡。1993 年 1 月城厢镇更名"川沙镇",属上海市浦东新区。1995 年 11 月,境域为川沙镇、东城镇、黄楼镇、六团镇,隶属不变。1997 年 1 月,撤销川沙镇和东城镇,建立新的川沙镇。1998 年 9 月,撤销施湾镇和江镇建置,建立机场镇。2000 年 4 月,撤销川沙镇、黄楼镇、六团镇,建立新的川沙镇。2005 年 12 月,撤销川沙镇、机场镇,建立川沙新镇。2011 年 10 月,撤销川沙新镇、六灶镇、祝桥镇,建立新的川沙新镇和新的祝桥镇,对镇域行政区划作调整。

川沙曾长期是浦东地区的经济和文化中心,被誉为浦东文化之根。镇域内名胜古迹丰富,老城厢风貌保留至今。明嘉靖三十六年(1557)筑成的川沙堡城,于 2010 年全面修整古城墙,疏浚完整保留的护城河,并免费对外开放新修好的川沙古城墙公园,让城墙、古炮、魁星阁、岳碑亭、文笔塔、护城河等历史古建筑完整地展示在世人面前。城内有内史第建筑群,建于清咸丰九年(1859),是三进两庭院两厢式的两层砖木结构住宅。黄炎培、宋庆龄、胡适等名人或诞生或居住于此宅内。1992 年,内史第被定为"黄炎培故居",是上海市文物保护单位。位于内史第西南角沿街房的宋氏家族居住纪念地,以及川沙天主堂、七灶天主堂、陶桂松住宅等,均为浦东新区文物保护单位。

调研发现,川沙新镇保留较多的传统民居、古树名木、古桥和古寺庙等,分布比较广泛。古桥主要有松鹤桥、长春桥、善堂桥等。空间肌理和村庄风貌保存较好的村庄主要有陈桥村、纯新村、大洪村、连民村、鹿溪村、民义村、其成村等。

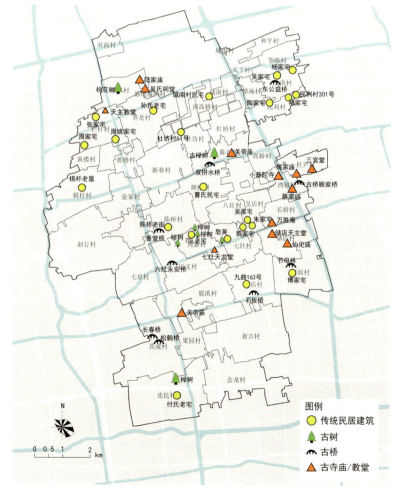

川沙新镇风貌要素汇总图

3.6.1 陈桥村

陈桥村位于川沙新镇西南，东靠牌楼村，南邻民义村，西邻上海迪士尼乐园，北靠新春村。村域面积 245 公顷，自然村 1 个，村民小组 17 个（其中 14 组已撤队）。村域常住人口 5942 人，男性 3553 人，女性 2389 人；户籍人口 3742 人，外来人口 2200 人，主要来自河南省信阳市、安徽省阜阳市。60 岁以上人口 1238 人，常住人口老龄化率为 20.8%。村民主要就业行业为制造业和服务业。2022 年村集体可支配收入 570.98 万元，村民人均年收入 5 万元，其中纯农收入 3.36 万元左右。主要农产品是葡萄。现有农民专业合作社 11 家，6 个村民小组开展了农业规模化经营，实现农业规模化经营土地 175.8 亩（11.72 公顷），耕地经营权流转率 95.2%。

陈桥村空间肌理

聚落整体风貌（2023年严建雯摄）

陈桥村绞圈房（2023年8月郑茹瑛摄）

陈桥村民居的七路头穿斗结构（2023年8月郑茹瑛摄）

陈桥老街两层木构建筑立面（2023年8月李睿摄）

陈桥老街两层木构建筑砖砌栏杆（2023年8月李睿摄）

村农业旅游年客流量 10 万人次，经营收入 1000 万元。

陈桥村西邻川迪东河，村域内河荡密布，水道纵横。西北侧林地集中成片分布，中部农田与河网交织。村域内共有河流 63 条，三横三十纵三十交织，河道宽度约 10～30 米，河网间距约 100～200 米。村域内聚落可分为点状散布和带状结合分布。村庄建筑群体大多沿路或沿水路鱼骨状排列，少有组团散落。

陈桥村的陈桥小集镇，主要是指八灶港北岸、东西向的陈桥老街，至今已有几百年历史。陈桥老街由于晚清商市的发展而形成并留存下来，故不少沿街建筑都显露出或多或少的西式建筑风格或运用近代建筑材料，比如西式卷草纹样的山花、门窗上大幅玻璃嵌格、阶沿位置多用水泥刻花等。

陈桥村的陈家桥即望云桥，其前身为沙涂庙桥。南北向集镇西首的沙涂港上曾有宋代建造的沙涂庙，历元、明、清数百年，庙旁建

有沙涂庙桥，惜清末遭寇匪全毁，唯桥墩留存。桥身跨八灶港，始建于清乾隆三十二年（1767），同治年间（1862—1874）重修。1974 年改建水泥桥，如今仍为两岸居民通行要道。而今尚存的古桥，仅有位于老街东段的善堂桥，建于清光绪三十三年（1907），桥身东西向，宽 1.4 米，石板侧面刻有桥名和装饰纹样。

陈桥村建筑布局形制多样，平面有单埭、多埭（埭与埭之间有庭心）、"口"字形绞圈房、"日"字形两进绞圈房等。陈桥村内传统民居基本上为江南民居常见的木构形式。常见七路头穿斗结构（绞圈房多见）。屋内可见大梁，顶部可见风窠脊桁，正中用铜条制成方胜纹，祈求平安辟邪，也用于挂灯具；梁下部有斗栱装饰，梁下有梁垫，客堂后有木窗 6～8 扇。传统民居多为木作、砖作，前者保留材质本色或刷彩色，后者表面刷白色石灰或保留木板面。20 世纪八九十年代建筑多为砖混结构，表面为

陈桥村1149号灰塑山花（2023年8月李睿摄）

青砖铺装（2023年8月李睿、严建雯摄）

花式砖砌（2023年8月李睿、严建雯摄）

带图案的彩色水刷石或者彩色瓷砖贴面。

西南部的陈桥老街建筑群，综合多种建筑形制，临水而建，形成老上海水乡村镇的独特风光，韵味十足。陈桥老街上有多处两层木构建筑，以及中西合璧风格的砖木结构建筑。老街上有一处老铁匠作坊，架构上增加冶炼用的烟囱。老街上还有一些造型奇特的砖房。

陈桥村1149号是一幢清末民初建成的两层围合式独院建筑，为典型的下店上住格局。两侧高大的山墙用水泥精细抹面，并有仿石块砌筑的刻纹，山墙顶部的山花用灰塑同心圆环和吊挂的藤草纹样装饰。沿街部分全为木罩面，二层略有出挑，中间用木制线脚装饰悬挂牌匾的位置。整幢建筑具有中西合璧的建筑艺术特征，在老街中极为突出。

整个陈桥村可以看见丰富多样的建筑立面和屋面，以及造型丰富的山墙和山花。屋顶形式包含悬山、歇山，多铺设青瓦，多数建筑的瓦当和滴水保存完好，可以看见瓦当上的花草纹、寿字纹、双龙戏珠纹等纹样。山墙造型多样，有中西合璧的马头墙、观音兜等。山墙上山花造型丰富，包含花鸟瑞兽等多元主题，充满民间艺术感。部分区域地面保留完好，铺装为青砖，花式为砖砌席纹或印有方胜纹、花纹等图案。

村内有多口老水井，特别是绞圈房的庭心大多有水井。另外，部分老宅中有保留完好的步步高三眼灶台，灶台上绘有花纹。这些都是传统生活的写照。

3.6.2 纯新村

纯新村位于川沙新镇西首，东靠七灶村，南近民义村，西邻陈桥村，北靠牌楼村。村域面积 147.04 公顷，辖 8 个村民小组，8 个自然村。村域常住人口 1680 人，男性 885 人，女性 795 人；户籍人口 1030 人，外来人口 650 人，主要来自江苏、浙江和安徽等省。60 岁以上人口 720 人，常住人口老龄化率为 42.9%。2022 年村内主导产业为农业，村集体可支配收入 500 万元；村民人均年收入 2 万元，其中非农收入占比 15%。主要农产品有稻米。现有农民专业合作社 2 家，开展农业规模化经营，实现农业规模化经营土地 500 亩（33.33 公顷），耕地经营权流转率 100%。

村域内共有河流 50 条，十五横三十纵五交织，河道宽度约 2 ~ 15 米，河网间距约

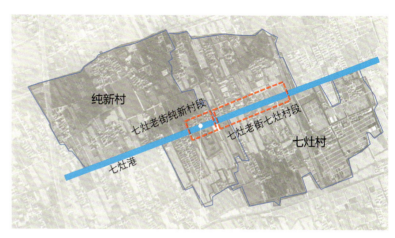

七灶港、七灶老街与纯新村、七灶村空间肌理

纯新村空间格局鸟瞰分析（2023年9月杨崛摄、赖志勇绘）

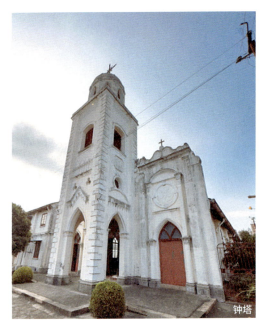

钟塔

侧门

鸟瞰

七灶天主堂（2023年9月杨崛、田景华摄）

20～100米，田块尺度约5亩（0.33公顷）。

村域呈现一水、两宅、三林、四田的整体格局。传统的江南水乡特征明显，村落逐水临路、依田而居、零星散布，建筑沿河道、道路行列式布局，形成有辨识度的建筑肌理。纯新村土地资源丰富，水系景观优美，50条河道连接各个自然村落，560户农户依水而居，被母亲河七灶港和多条支河滋养浇灌着。

七灶天主堂位于纯新村七灶港畔，至今已有170年历史，是原川沙县域内最早的天主教堂之一。清道光二十三年（1843）十一月，随着上海开埠，各国列强的教会势力迅速向上海及周边地区渗透，尤其是天主教。据记载，清咸丰四年（1854），在今纯新村一带传教布道的英国传教士平神甫在七灶港畔筹资建造一座气势恢宏的天主教堂，名为"大七灶耶稣圣心堂"，因紧邻大七灶港而被当地百姓简称为"大七灶天主堂"。

七灶天主堂1911年重修，也称"六团大七灶耶稣圣心堂"，1960年代遭到破坏，1991年经教区和信众集资修缮。教堂坐北朝南，占地面积1800平方米，建筑面积约600平方米。正立面呈对称的三段式构图，局部受哥特式建筑风格影响。中间的钟塔高18米，略前凸，为三层砖混结构。钟塔底层为尖拱大门，两侧立塔司干柱，二层开拱窗，三层平台

上中起穹顶，两侧有尖锥形壁柱，为哥特式风格。两侧山墙顶部有对称的涡纹装饰，水泥砂浆外墙，墙面多施圆形、三角形、三叶形装饰，转角有仿石块装饰，所有门窗均为半圆或尖拱券。教堂建筑西侧为洋房，曾供神父居住，平面为"凸"字形，外立面与教堂风格相似，二层南面有露台。七灶天主堂整体为中合璧风格，是江南郊区教堂本土化形式的代表之一。

母亲河七灶港横穿纯新村和七灶村，并由此形成七灶老街。七灶老街具有独特的海派集镇韵味，曾是六团地区商店最多的集镇，街道肌理至今保留较为完整。目前纯新村以创建

七灶港与七灶老街（2023年8月田景华摄）

乡村振兴示范村为契机，复兴七灶老街，串联七灶和纯新，实现两村联动，进一步突显纯新村独特的教堂人文风情和商业文化。

目前，纯新村仍保留部分传统民居，主要分布在七灶港沿线，整体较为陈旧，甚至仅有断墙残瓦，濒临倒塌，在周围的新建筑中很突兀。这些传统民居平面形式多样，有完整的绞圈房、单埭头房子，也有绞圈房和单埭头房子互相拼接而成的新单体建筑，有"一"字形、"凹"字形、"口"字形等多种布局样式。

保存最为完整的传统民居是位于纯新村六组的南王家宅，已有百年历史，是上海郊区典型的绞圈房子。整个绞圈房子坐北朝南，单层建筑四面围合，形成一个"口"字形。中间天井呈正方形，称为庭心。庭心较为宽敞，利于前后埭堂屋之间、东西厢之间的通风。五开间一埭，中间客堂，东西连接正间和次间，南接厢房和落叶。绞圈房檐口低矮，屋顶绞圈相连，整体性较强，有利于抵抗台风。

村域内有15棵百年古树，均为榉树，分散在村域四个点位。其中，位于龄南路南六公路西侧的百年榉树为"古树名木保护牌"第1619号，树龄100年以上，二级保护。

南王家宅绞圈房（2023年8月刘欢摄）

百年榉树（2023年8月刘欢摄）

3.6.3 大洪村

大洪村位于川沙新镇东部，距东海及浦东国际机场仅 5 公里左右路程。东同祝桥镇新营、营前村接壤，南与民利村相邻，西与柴场村交界，北邻华路村一河之隔。村域面积 1.28 公顷，村域有自然村 1 个，村民小组 7 个。村域常住人口 3337 人，男性 1568 人，女性 1769 人；户籍人口 2629 人，外来人口 708 人，主要来自安徽省、河南省。60 岁以上人口 1034 人，常住人口老龄化率为 31.0%。村民主要就业行业包括：物流、商业服务、印刷包装等。2022 年村内主导产业为第三产业，村集体可支配收入 662.86 万元；村民人均年收入 3.8 万元，其中非农收入占比 98%。主要农产品有水稻、蔬果，特色农产品有番茄。现有农民专业合作社 6 家，5 个村民小组开展了农业规模化经营，实现农业规模化经营土地 189 亩，耕地经营权流转率 100%。

大洪村村庄规模较小，整体呈团状，密度相对较大。村域地形呈长方形，村域内共有河流 36 条，主要河道五横一纵，水体、坑塘各 2 个，总体而言，横向为主，多数村落建筑沿东侧河道组团状分布，集中分布于东侧，农田呈块状。

大洪村空间肌理

东公益桥（2023年8月谢文婉摄）

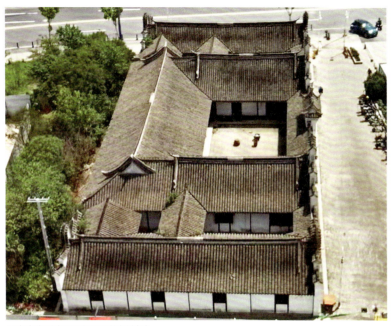

吴家宅鸟瞰（2023年8月谢文婉摄）

仪门

山墙

村内有一处近100年前的古桥——东公益桥，是浦东新区文物保护点。桥体南北走向，为石制平梁桥，跨度4.8米，桥宽1.28米，总长12.5米。桥墩为青石垒砌而成。该桥建于民国十九年（1930）一月十日，上刻"特捐（款）人为凌梦周、凌海庆、凌秀峰，工程司（此司意为司造者）费京仁"，又刻"凌唐善士助建"（凌为凌秀峰、唐为唐裕卿）。凌家周围原有四座石桥，即东公益桥、西公益桥、桐生桥、凌氏公德桥，均在凌氏老宅（即吴家老宅），寓意为"四人抬轿（桥），阖家幸福"。

村内现存多处历史保护建筑，保留状况良好。吴家宅为市级文保单位，绞圈房，三进院落。院落内建筑均为"U"形格局，建筑面积580平方米，占地面积1000多平方米。建筑为单层立帖式砖木结构，屋顶转角部分用"四落撑"架梁体系；屋顶形式为歇山顶，屋脊为雌毛脊，屋脊中间有雕花；山墙为观音兜和马头墙结合。正门为中式仪门，砖雕保存完好，图案为花卉纹样。立面为砖墙外粉石灰；棕色木制门窗，窗上有披檐。

庭心

吴家宅（2023年8月孙鲁佳摄）

杨家宅唐家楼外立面（2023年8月孙鲁佳摄）

杨家宅唐家楼为区级文保单位，牌子现在已经拆除，坐北朝南，为2层绞圈房，主体为五开间一正两厢房的楼房。建筑为多层砖石结构；外墙面为石材，屋面为硬山顶；山墙为中西结合的观音兜。正门有两仪门，后门有一仪门，仪门石雕保存完好，图案为花卉果实纹样，中间的文字基本清晰可见，柱面柱脚可见红色饰面和线条，窗框有西式装饰线条，上方有中式披檐。

饶家宅为区级文保单位，苏式"门"字形合院，一进一庭心带仪门建筑。康家宅为区级文保单位，主体为一正两厢房式，带墙门间。

饶家宅外立面（2023年8月孙鲁佳摄）

康家宅外立面（2023年8月孙鲁佳摄）

3.6.4 连民村

连民村位于川沙新镇西南方向，东靠会龙村，南邻宣桥镇，西邻新场镇、周浦镇，北靠鹿园工业园区。村域面积462公顷，自然村2个，分别为连民村、明华村；村民小组23个。村域常住人口3945人，男性1891人，女性2054人；户籍人口3721人，外来人口1091人，主要来自安徽、河南和江苏等省。60岁以上人口1218人，户籍人口老龄化率为32.7%。村民主要以务农为主。村民人均年收入5.5万元，其中非农收入占比5.1%。主要农产品有草莓、葡萄、西瓜、甜瓜等，特色农产品有"8424"西瓜、水蜜桃、火龙果等。

村域内，南北走向的六奉公路和东西走向的申嘉湖高速公路把连民村分为东部、南部、中部、北部四个片区，每个片区穿插一些农业大棚蔬菜种植区。村域呈现宅田相间、水路相依、林田交织的聚落空间。

连民村空间肌理

连民村空间格局鸟瞰（2023年9月杨崛摄）

连民村聚落格局（2023年9月杨崛摄）

村域内共有大小河流 131 条，主要河流五横六纵，纵横交织，河道宽度约 10～20 米，河网间距约 50～150 米；湖荡 3 片，面积约 6～30 亩（0.4～2 公顷）。五灶港为主水系，横穿整个村落。

村域整体沿东西向河流呈带状分布。村落北部为产业园及沿申嘉湖速的生态林，中部为村宅聚落，南部为生态农业大棚，总体形成一心、两带、四片区的聚落格局。一心，即

126 公顷的连民发展核心区；两带，即五灶港生态旅游带、六奉公路风貌带；四片区为农业景观片区、休闲农业片区、科技农业片区、乡野田园片区，按照产业项目及建筑风貌分别打造原乡田园、江南水乡、海派艺术、玫瑰花村四个片区，使村落五彩缤纷、四季有景。村庄建筑主要聚集在五横五纵的主河道沿线。

符氏老宅建于 1913 年，已有 100 多年的历史。建筑为穿斗立帖式木结构，黑瓦白墙。

符氏老宅符家堂屋——九思堂，曾是浦东抗日游击队的驻扎地，是连民人抗日护国的记忆所在。在连民村乡村振兴示范村创建过程中，符氏老宅修旧如旧，作为红色历史展示馆。

连民村还着力开发旅游业，打造特色乡村民宿。宿于民宿作为上海市首批、浦东首家五星级乡村民宿，目前投入运营的有烘焙、陶艺、彩绘、和风、稻香、纺织等不同主题民宿，对接 DIY 达人，向游客提供陶艺、彩绘、乐器制作等 DIY 项目。

连民湖畔的村民活动室，荷花池边的长廊亭台是江南丝竹和戏曲爱好者的活动场所，也是连民村的戏曲之家。日常活动内容包括戏曲乡韵、江南丝竹，平时村内戏曲爱好者会聚集于此，一起演奏弹唱，深受村民和游客的喜爱。

连民村是上海市桃花节举办地之一。田园中，尘嚣边缘，感受人文积淀，是适合休闲旅游、体验乡村风情的世外桃源，助推乡村振兴。桃花节期间，连民村充分发挥自身资源禀赋举办丰富多彩的活动，打造近悦远来的乡村旅游品牌，传承具有地方特色的饮食节庆等。

连民村村域格局（2023年9月杨崛摄）

符氏老宅（2023年8月刘生摄）

民宿建筑（连民村村民委员会）

乡村市集（2023年8月刘生摄）

3.6.5 鹿溪村

鹿溪村位于六灶社区中心，2002年10月，由原鹿溪村和砖桥村合并组成，现村委会地址位于鹿溪北路68号。周祝公路、南六公路贯穿全村，东与汤店村相连，南与新吉村、果园村相邻，西与其成村相接，北与七星村、民义村毗邻，村域面积430公顷，现有村民小组19个。

鹿溪村人口密集，常住人口9000人，户籍户数1820户，户籍人口4475人，外来人口4525人。60岁以上人口1648人，常住人口老龄化率为18.3%。2022年村可支配收入719.7万元。主要农产品为水稻，其中规模化经营以农投公司组建的家庭农场为主，经营权流转率达80.5%。

鹿溪村空间肌理

鹿溪村向学街沿河景象（2023年8月陈峰摄）

鹿溪村里有一条向学街，位于村南六灶港北，街区格局沿六灶港一字排开，街巷整体富有水乡特色，保持着清末民初的老街风貌。随着时代的发展，老街的商业功能逐渐向北面的周祝公路转移，街上商铺日渐减少，曾经繁华的老街慢慢开始冷清。

向学街曾经是古镇中心。沿着河的北岸，依稀有老街的风貌，而南岸已经建起不少钢筋混凝土的建筑。老街上保存的古建筑不多，留存较完整的仅六灶关帝庙，大部分为低矮的平房，部分已经破败、荒废。居住在这里的大多是当地老人和外来务工人员。

鹿溪村向学街街景（2023年8月陈峰摄）

鹿溪村六灶关帝庙大门（2023年8月陈峰摄）

鹿溪村六灶关帝庙神龛（2023年8月陈峰摄）

3.6.6 民义村

民义村位于川沙新镇南侧，东靠纯新村，南邻鹿溪村，西邻七星村，北靠陈桥村。村域面积258.86公顷，村民小组16个。村域常住人口5669人；户籍人口3270人，外来人口2399人。60岁以上人口1054人，常住人口老龄化率为18.6%。2022年村集体可支配收入18万元。主要农产品为大米，特色农产品为桃子。

川沙新镇民义村地形整体呈不规则形状，北片区北接川环南路，东邻通城河，南接妙川路，现保留1个村民小组，已全部完成拆迁；南片区地形呈方形，北接川周公路，西邻川沙路。村域空间特色鲜明，现有小组民居依河而建，单侧排列，组团集中分布。

民义村空间肌理

民义村惠民路民宅（2023年8月苏婉摄）

村域内仍保留有部分古建筑和古桥。惠民路上的一栋民宅，建造年代不详，建筑为"一"字形平面，布局较为简单。该民宅为木结构，外墙面为砖墙外粉石灰。屋脊为甘蔗脊，瓦当和滴水还能依稀见到花纹样式，主要的门窗皆为木制，保留了江南古民居建筑的大部分特征。

　　鹿民路上的一栋民宅，建造年代不详，建筑为"口"字形平面，布局较为简单。该民宅为木结构，年久失修，现已成为危房。老宅外墙面为砖墙外粉石灰，外墙涂料斑驳，有岁月痕迹。屋脊为人字顶，屋面铺小青瓦，主要的门窗皆为木制。

民义村鹿民路民宅（2023年8月苏婉摄）

民义村六灶永安桥（2023年8月苏婉摄）

3.6.7 其成村

其成村位于川沙新镇西南端、六灶社区西首，东与鹿溪村、果园村、鹿园工业园区相邻，南与连民村相连，西与周浦镇接壤，北与七星村相接。村域面积 438 公顷，23 个村民小组（其中 4 个村民小组已动拆迁）。村域常住人口 6162 人，男性 3262 人，女性 2900 人；户籍人口 3729 人，外来人口 3033 人，主要来自安徽省、重庆市。60 岁以上人口 1394 人，户籍人口老龄化率为 37.4%。2022 年村内主导产业为传统农业，村集体可支配收入 725.04 万元；村民人均年收入 2.6 万元，其中非农收入占比 90%。主要农产品有水稻、蔬菜、桃子、翠冠梨，特色农产品有草莓、葡萄、火龙果。村农业旅游年客流量 2000 人次，经营收入 25 万元，主村域东西向 3000 米，南北向 2900 米，村域内共有大小河流 120 条，二十七横七十六纵十七交织，河道宽度约 6～15 米。

其成村空间肌理

其成村外形呈倒"L"形，南部为产业园区，其余部分以河为骨架，横向枝状河线形蔓延，村落枕水而居，错落排列，农田依村落的河流分布。

其成村水稻田（2023年8月孙鲁佳摄）

其成村古民居（2023年8月孙鲁佳摄）

其成村现有古桥两处，一为其成村五组六灶的长春桥，一为其成村六组六灶的松鹤桥。两座桥保存状况都较好，细部纹样仍清晰可见，均有保护贴牌。

其成村长春桥（2023年8月孙鲁佳摄）

其成村村落建筑呈鱼骨状沿河排布，多为独栋单排民居。除占较大比例的现代新建民居以外，其余多为单排单层、白墙青瓦的立帖木构民居（已发现有3处完整保留原有"凹"字形合院形态），还有部分20世纪80年代建造的2～3层农房和20世纪90年代建造的水刷石立面建筑。一般民居为粉墙黛瓦，屋顶多为悬山、歇山顶，少部分为硬山；屋脊多为清水脊，少数带有瓦作装饰。

其成村松鹤桥（2023年8月孙鲁佳摄）

大团镇镇南村（2023 年 8 月杨崛摄）

04

中部片区

祝	桥	镇
航	头	镇
新	场	镇
宣	桥	镇
惠	南	镇
老	港	镇
大	团	镇

中部片区主要包括祝桥、航头、新场、宣桥、惠南、老港、大团七镇。面积约502平方公里，2022年常住人口约109.20万人。

该片区因盐而兴，从唐末五代到清末，盐业由发展、壮大到兴盛，又逐步衰落。八九百年的盐业生产史，在盐场范围内逐渐形成服务于盐业生产，以盐民为主的一批早期聚落，并逐渐发展为市镇。

自南宋起至元代中期，是下沙盐场的发展时期。南宋建炎年间（1127—1130），在新场设"两浙都转盐运司松江分司"，盐场称"下沙盐场"。下沙盐场所辖面积非常广阔，包括今南汇县塘西的全部地区和川沙全部沿海地区，南邻奉贤，北迄宝山。元初，盐场进行重大改革，立团定界，打破一家一户分散生产的状况，以团为生产单位，连续地使用大型煎盘生产，产盐量由此增加。盐课司署设在浦东鹤沙（今航头镇下沙地区），

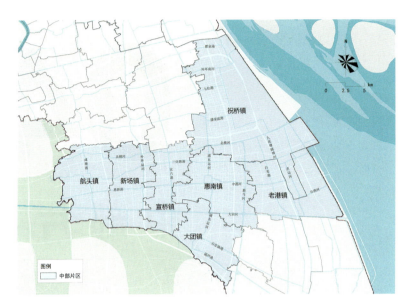

中部片区范围图

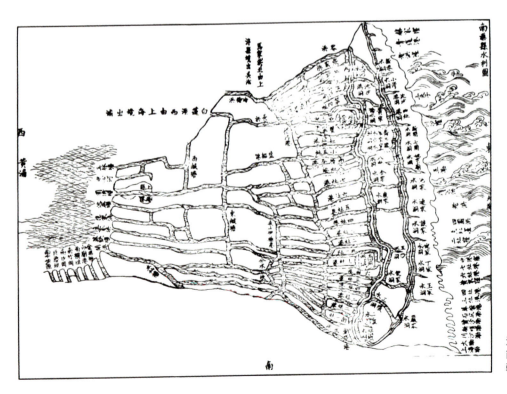

清中期南汇滨海的海塘与水系分布：南汇县水利图（《分建南汇县志·卷一：疆土志上·绘图》）

在此基础上逐渐形成下沙集镇，下沙由此"商贾咸集，遂成都会"。

自元代中期至明朝中叶，下沙盐业逐渐兴盛，进入鼎盛时期。明代继承了元代盐业的生产方式，并把聚团公煎法推广到全国。同时，逐渐将下沙盐场各分场合并为3场9团，每场辖3个团，并设盐课使司，置大副使一员。此时，下沙盐场因沉积日渐向东南延伸，面积有较大扩展，为适应这一变化，盐课司署由下沙镇迁至原下沙南场址，新场镇因此而形成，呈现"歌楼酒肆，贾街繁荣，虽县亦未之过也"的繁荣景象。

自明代中叶起至清朝中叶止，下沙盐场逐渐走向衰落。随着长江夹带泥沙不断沉积，长江口逐渐向东南延伸，使浦东海岸离咸潮的距离愈来愈远，海盐产地已日渐缩小。明朝将原下沙盐场所属土地分为有司地和盐场地，在盐民中分划出滨海灶户和水乡灶户。滨海灶户依旧靠煎煮纳盐课，而水乡灶户虽仍属盐民，但因远离盐场（15公里），既不须煎盐，也不须缴纳盐课，只须上纳粮。此时，盐课司署又迁到一团，大团集镇得以形成，得"金大团"之称。

长期的盐业生产运输方式，奠定了该片区典型的灶港盐塘水系格局。盐业生产首先需要人工开挖东西向的漕沟引入海水，宽阔的潮港河道对应各生产单位（灶），称为"灶港"。引入海潮之后，盐民将盐水通过纵向的河塘往南北导入盐田，在漫滩中煎晒成卤，纵向漕沟被称为"盐塘"。在清雍正《分建南汇县志》中的"南汇县水利图"可见，从南到北，东西

向平行分布着南一灶港、南二灶港至南七灶港，以及北一灶港、北二灶港到北八灶港。盐业衰落后，原先用于生产的灶港、盐塘转为交通和农业生产之用，农业生产进一步推动河网水系发展，形成南北交织的河网水系，其水系格局延续至今。

长期的盐业生产使中部地区形成较为浓厚的盐文化，灶、场、团、港等至今仍保留在地名中，反映出熬波煮盐史。市级非遗项目《卖盐茶》记录了原生态的盐文化和海洋文化。当前，新场镇利用盐商留下的两座历史宅院打造盐文化馆，再现盐业发展历史，还原盐商之家、盐乡生活等场景。同时，以盐文化馆作为串珠成链的线索，联动古镇和乡村，打造一条以盐文化为特色的文旅路线。中部片区保留了多项非遗文化，如国家级非遗项目新场锣鼓书、浦东派琵琶、江南丝竹，市级非遗项目宣桥镇沪剧、打莲湘等。

从建筑特征来看，中部地区保留了下沙老街、新场、大团北大街等多个历史文化风貌区，是浦东绞圈房等传统民居保留较为集中的区域。同时，受盐商文化影响，民居住宅也考虑生产功能，与街巷、河流组合布置，呈现出独特的空间格局。例如，新场古镇范围内现保留大量绞圈房，与商业主街、河流等形成"街—宅—河—园"的空间格局。街，即面向主街的前院为一层商铺；宅，即中间两至三进的住宅；河，即住宅临河布置，便于货物运输和仓储；园，即河对岸为私家花园，供耕种或赏玩。前街后河，前店后宅，兼顾生产和生活之用。

4.1 祝桥镇

祝桥原名"竹桥",明嘉靖年间(1522—1566)太学生乔镗奉命督工,于内捍海塘东侧开挖"御寇河"以防外来倭寇。河上架竹为桥以便民往来,因以"竹桥"名之。1910年代,由于同音假借,渐转为"祝桥"。

祝桥镇地处浦东新区东南部,东濒东海,南邻老港镇、惠南镇,西与川沙新镇、宣桥镇相连,北与合庆镇相望,总面积160.19平方公里。2022年常住人口约27.29万人。截至2023年底,下辖40个村民委员会、44个居民委员会。

南宋乾道八年(1172)内捍海塘的修筑,标志着祝桥西部境域的成陆,隶于嘉兴府华亭县。元至元二十八年(1291),隶属于松江府华亭县。明隆庆二年(1568),松江府事郑元韶于上海县长人乡东侧沿海清丈土地,分团编甲,编为四、五、六、七团,由中下砂盐场管辖,团下设灶。清雍正四年(1726),划出上海县长人乡及下砂盐场所属沿海9个团,建立南汇县。是时,祝桥境域正式列入南汇县行政建置。清宣统年间(1909—1911),清政府实行地方自治,境域内的四团乡(盐仓)、五团乡(祝桥)、六团乡(施湾)、七团乡(江镇)皆分出南汇县。1927年,南汇县实行区自治制,二区境域含四、五、六、七团,相当今祝桥镇境域。中华人民共和国建立后,南汇县二区改为祝桥区。1959年人民公社化后,原祝桥区境域分别建有南汇县所属的盐仓、祝桥两个公社和川沙县所属的施湾、江镇两个公社。1962年,拆盐仓、祝桥东部地域,设东海人民公社建置。1984年,撤公社建乡级建置。1994年,撤乡为镇。至此,

祝桥镇空间格局鸟瞰(2023年8月杨崛摄)

原祝桥、盐仓、东海及施湾、江镇皆为镇级建置。2003 年 4 月，撤销原祝桥镇、盐仓镇、东海镇建置，建立新的祝桥镇。2006 年 1 月，朝阳农场并入祝桥镇。2011 年 11 月，施湾、江镇两社区除和平、大洪、华路、民利四村外，全划归祝桥镇。

祝桥镇是浦东国际机场和上海东站的所在地，所在区域集航空、国家铁路、市域铁路、城市轨道交通等交通功能，以及站城开发于一体，打造东方枢纽，成为新时代国际开放门户枢纽新标杆。

祝桥村域主要分布于西北部和西南部，保留较多传统民居、古树名木、古寺庙等风貌要素，其中最为著名的是全国重点文物保护单位张闻天故居。空间肌理和村庄风貌保存较好的村庄主要有共和村、邓三村、红星村、立新村、卫民村、新生村、中圩村和祝西村等。

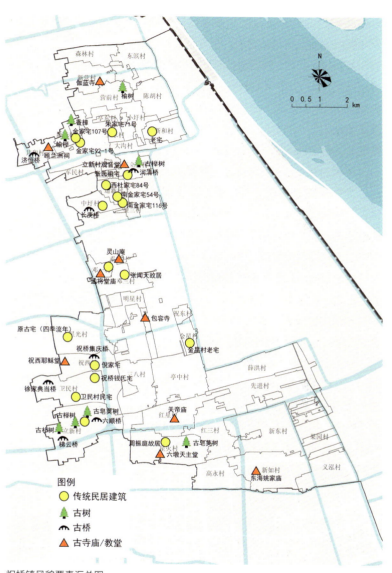

祝桥镇风貌要素汇总图

4.1.1 共和村

共和村地处浦东新区川南奉公路以西，祝桥镇西北端，东接新生村，南连军民村，西靠川沙新镇虹桥村、陈行村，北同民利村相邻，村域面积 120 公顷。村域常住人口 2655 人；户籍总户数 437 户，户籍人口数 1445 人，外来流动人口 1210 人。村内产业主要以家禽养殖业、服装业、彩印业为主。

共和村共有 13 条河流，九纵四横。村域西侧为零星聚落和生态林，中部民居聚落密集，之间由浦东运河隔开；东侧除零星聚落外还有新建小区。村内河道在聚落内呈纵横交错形态，西侧为林地包围聚落，东侧则相反，无大片耕作农田。村民居聚落规模小，组团呈不规则形态，组团重心位于中部。

村内古迹众多，有顾兰洲祠堂、济恒桥、金解元墓、六角亭四处古迹。

顾兰洲祠堂坐落于共和村五组，由顾兰洲（1853—1938）建造于 1934 年。顾兰洲是上海著名的营造商，去世时，上海营造界举行先贤入祠仪式，赞誉其"卒一生之精力，贡献于营造界，诚诸先进中杰出之人才也"。祠堂占地面积 4 亩（2667 平方米），建筑面

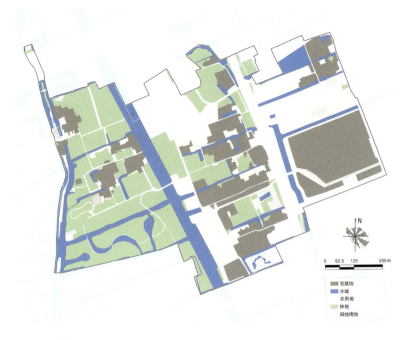

共和村空间肌理

积 200 多平方米，正房 5 间，东厢房 3 间。前有门头墙，中开大门，两旁各开 1 扇边门，正门刻有"南陵别墅"，正门东面和西面标有"入堂""弟子"四个篆文。建筑考究，围墙高大，祠堂南侧及四周都用大砖砌，东西两面各开一扇大门，西有围墙。

济恒桥是一座东西向三跨水泥桥，建于 1933 年。桥面上的三块石板上有英文字。据上海史专家薛理勇和上海租界史专家吴志伟分析，其中两块是公共租界地界碑，其中一

全貌

顾兰洲祠堂（2023年8月孙鲁佳摄）

入口屏风

共和村济恒桥(2023年8月孙鲁佳摄)

祠堂附近顾兰洲建的古桥已半边残缺(2023年8月孙鲁佳摄)

金解元墓(浦东文物网)

2023年六角亭(来源网络)

块上所刻"A & D"即通和洋行(Atkinson & Dallas Architects and Civil Engineers Ltd.)的缩写,一块上所刻"A.E.A."即爱尔德洋行的缩写。第三块上刻"M.C.R."(Municipal Council Road 的缩写),是工部局道路界石,一般竖立在马路边,表示该路段为工部局的路,相当于今天的"市政道路"。桥体现状保存较完好,北侧半边已有破损,南侧保留完好,中间"济恒桥"三字清晰可见,未贴牌。

金解元墓在今共和四组乔家宅河东,已有230余年历史。墓主金王谟(1730—1788),号东瀛,字宿来,出身书香门第,为明代武解元,曾远征台湾。墓葬原有封土,长约10米,宽5米,高5米,墓前有旗杆石和灯杆石。现封土剥落殆尽,裸露砖墓一座,四室券顶,长7.2米,宽3.2米,高1.2米。

六角亭,又名"众福庵",明万历年间(1573—1620)由王乾昌建造。坐落在今共和村五组(老护塘东侧)。庵基占地2亩(1333平方米),建筑面积430平方米,10间庵堂内供奉着释迦牟尼、南海观音、西方三圣、城隍等27尊塑像。观音亭内端立白衣观音塑像。庵前场地中间安放着铸有六角亭字样及信奉者姓名的两尊焚香铁鼎及烛亭等祭神物件。

共和村建筑多为单排"一"字形,排列整齐紧凑,保留的青瓦民居较少,多数为现代民居。大量20世纪80年代的农宅已经改造,20世纪90年代2～3层水刷石建筑有装饰栏杆及牛腿柱。村落整体色彩为红顶白墙的现代民居,少数单排民居建筑为粉墙黛瓦,水刷石建筑装饰线条及拼花多采用绿色或红色。

4.1.2 邓三村

邓三村位于祝桥镇中部，东与浦东国际机场贴近，南接明星村，西与六团、新浜、湾镇相依，北与邓二村为邻。村域面积234公顷，辖村民小组12个。常住人口1310户，共计3120人；户籍人口1435人，外来人口1685人。60岁以上本市户籍人口817人，户籍人口老龄化率为56.9%。村民主要就业地为浦东国际机场。2022年，村集体资产达3100万元，村民人均年收入2.35万元。主要农产品有南汇"8424"西瓜、南汇水蜜桃、甜瓜、葡萄和火龙果等。村内水系发达，29条中小河道纵横交错，包括市级河道1条（浦东运河）、区级河道2条（北界河、红星河）、镇级河道6条、村级河道17条、其他河道3条。

邓三村水、路、田相间，其中，张闻天故居两面环河一面临路，院前有田园菜地，水乡田园风光气息浓厚。

张闻天故居于2001年6月25日被列为全国重点文物保护单位。故居坐北朝南，是一幢具有上海农村传统风格的三合院民居。建筑为砖木结构，一正两厢房，有正屋5间，两侧厢房各2间，另有杂用房4间，占地面积686平方米，建筑面积495平方米。宅院前有菜园、绿树，后有翠竹、河沟，周围竹篱环绕，一派田园风光。1986年9月，陈云手书匾额"张闻天故居"。1989年，上海市政府主持全面修缮故居，增筑围墙及道路。1990年，开辟"张闻天革命史迹陈列室"。2002年，于故居西侧新建一栋2层楼陈列馆，将原故居内展品及档案全部移至新馆。

村域内还有一座水塔，建于1983年。最初因为村民喝不到干净水、放心水，所以村里造了水塔方便用水，随着生活的改善，每家每户都接通了自来水，水塔渐渐地变成风景。

邓三村空间肌理

张闻天故居周边环境（2023年8月汤少忠摄）

张闻天故居（"浦东文物"公众号）

张闻天故居门头（2023年8月汤少忠摄）

张闻天故居街景（2023年8月汤少忠摄）

张闻天故居正屋及厢房（2023年8月汤少忠摄）

邓三村水塔（2023年8月汤少忠摄）

4.1.3 红星村

红星村位于祝桥镇南部，东靠东海镇，南临四灶港，西临盐仓小集镇运盐河，北靠过凤港。村域面积 257 公顷，村民小组 21 个。常住人口 3856 人；户籍人口 4102 人，外来人口 3210。60 岁以上人口 1342 人，常住人口老龄化率为 34.8%。2022 年，村内主导产业农业，村集体可支配收入 370.05 万元，村民人均年收入 2 万元，其中非农收入占比 80%。主要农产品为葡萄，特色农产品为南汇西瓜。

红星村地形东西长南北窄，被上海绕城高速公路、川南奉公路分割为由东向西三个地块。原有住宅依水与城市道路而建，建筑多为坐北朝南。村域内共有河流 47 条。

民居建筑以 20 世纪七八十年代建筑为主，部分后期翻建，建筑的平面布局以 "一" 字形排布为主，结构体系以砖混结构为主，部分建筑沿用原有脊饰、屋瓦，表现出与传统建筑元素混搭的风格。

建于 21 世纪初的关帝庙，由村民自发集资而建，香火旺盛。建筑为独栋，仿三开间形制，浅红色墙面，歇山顶覆灰瓦，主屋脊装饰二龙戏珠，两侧屋脊有黄色龙样纹。

汤家花园为台湾地产商汤君年所建，花园内包含墓园、墓碑，以及一栋祖先祠堂。

村内民居多为白墙红瓦。20 世纪八九十年代建筑的墙面材质主要为水刷石，阳台栏杆、窗框、墙面多有各种丰富的装饰图案。

红星村空间肌理

红星村关帝庙(2023年8月李晓玫摄)

汤家花园(2023年8月李晓玫摄)

民宅建筑的窗间墙装饰(2023年8月李晓玫摄)

4.1.4 立新村

立新村位于祝桥镇西南侧，东靠南祝公路，南邻惠南镇永乐村，西邻宣桥光明村，北靠卫民村。村域面积 364 公顷，自然村 2 个，为立新村、叶桥村，村民小组分别为 16 个、9 个。村域常住人口 5526 人；户籍人口 4354 人，外来人口 2345 人。60 岁以上人口 1641 人，常住人口老龄化率为 29.7%。

2022 年村集体可支配收入 210 万，村民人均年收入 2 万。目前主要由 2 家家庭农场，8 家农业合作社集中承包土地，以水稻、蔬菜、果树、养殖、菌菇为主。2022 年种植水稻 560 亩（37.33 公顷）、蔬菜 1150 亩（76.67 公顷）、果树 90 亩（6 公顷）、养殖 50 亩（3.33 公顷）、菌菇 35 亩（2.33 公顷），土地流转率为 93.16%。

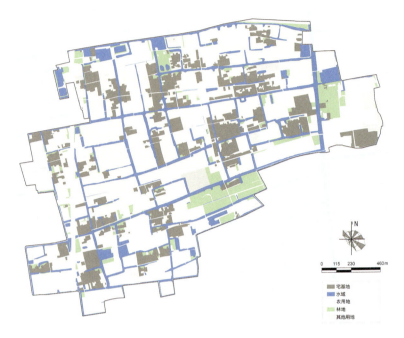

立新村空间肌理

立新村空间格局鸟瞰（立新村村民委员会供）

灶台

屋檐清水瓦

民居灶台与屋檐（2023年8月孙鲁佳摄）

村域内共有河流 77 条，其中市级河道 1 条（浦东运河），区级河道 2 条（四灶港、五灶港），镇级河道 3 条（过凤港、兰港、傅家宅河），其余 70 条为村级河道。聚落规模、密度都相对较大，数量较多。聚落呈团状，水系和农田的排布纵横交错，较为整齐，分布较为均匀，无明显重心

立新村贴牌古树共有 6 棵，皂荚 2 棵位于立新村四组，榉树 3 棵位于立新村六组，朴树 1 棵位于立新村八组；已贴牌古桥 2 座，梯云桥位于立新村八组，六顺桥 1 座位于立新村二十一组；纪念碑一处，祝桥镇革命烈士纪念碑位于上海市祝桥镇立新村盐仓安息堂内。

立新村建筑多为单排"一"字形平面，排列相对整齐紧凑，除多数现代民居以外，20 世纪 80 年代农房多为单排 2 层青瓦白墙建筑，有 2 层雕花栏杆及牛腿柱；20 世纪 90 年代的 2～3 层水刷石建筑有多层装饰栏杆及牛腿柱，多见栏杆、屋檐及山墙的拼花装饰，装饰线条及拼花多采用绿色或红色；少部分保留下来的青瓦单排民居多数已破损或经过一定程度改造。

调研中发现形制完整的民居一处，原主人姓叶，建筑为单排民居，粉墙黛瓦；还发现一处合院保留有结构及装饰完整的灶台，屋檐装饰滴水瓦、木门窗、屋顶结构清晰可见。

立新村古树（2023年8月孙鲁佳摄）

六顺桥

梯云桥

烈士纪念碑

盐仓安息堂

立新村特色场景（2023年8月孙鲁佳摄）

4.1.5 卫民村

卫民村位于祝桥镇西部，东毗邻浦东运河，南隔五灶港与立新村相望，西接川沙镇会龙村，北与祝西村、川沙镇的三吉村相连。村域总面积 236 公顷。总户数 1098 户，户籍人口 2614 人；其中，60 岁以上人口 799 人，户籍人口老龄化率为 30.6%。

村域内共有河流 60 条，其中浦东运河是市级河道，五灶港是区级河道。村域交通发达，道路宽广平坦。在美丽乡村改造中，有多个生产组的自然村对河道进行了清淤工程，且在河道两侧打上木桩，加固河坡，种植绿化，使得旧貌换新颜。卫民村河网纵横，田村隐映，水系呈线形分布，乡村聚落组团形成相对集中的枝状分散形态。

20 世纪 50—70 年代初，村民住宅从以竹为椽、芦笭为垫的草房，逐步更新为木椽青瓦房。20 世纪 70 年代后期到 80 年代，住宅开始出现水泥楼房，住房面积逐渐增大。20 世纪 80 年代后期起，村民的住房呈现多样形式，以中西建筑元素结合的形式为主。现存民宅大多以 20 世纪 70 年代后期至 80 年代为主，大多已翻新，少有老宅保留。

村内保留一处绞圈房——祝桥钱氏宅，挂牌浦东新区文物保护点。该建筑由钱月池、钱如林兄弟建于 1931 年，1976 年修葺。占地 422 平方米，建筑面积 327.82 平方米，坐北朝南，砖木结构。形制为一正两厢，正房面阔 5 间，宽 22.64 米，进深 7.3 米。立面为硬山灰瓦顶白色石灰外墙，格扇门。院门为石库门式，上方雕花鸟图案。

村内保留有一座百年古桥——万安桥，位于今卫民村十五组，南北向跨于徐家典当小界沟上，因此俗名"徐典桥"。原系单埠小石桥，1911—1912 年间改造为三埠石桥，桥体保存状态较好，2018 年被浦东新区列为不可移动文物，属区级文物保护点。

卫民村空间肌理

卫民村欧式民宅建筑（2023年8月陆丽钇摄）

卫民村老宅（2023年8月陆丽钇摄）

祝桥钱氏宅内院（2023年8月陆丽钇摄）

祝桥钱氏宅梁架结构（2023年8月14日陆丽钇摄）

祝桥钱氏宅山花、檐廊等建筑构件（2023年8月陆丽钇摄）

万安桥（2023年8月陆丽钇摄）

4.1.6 新生村

新生村位于祝桥镇西北部，东靠亭东村，南邻军民村，西邻共和村，北靠迎宾高速公路 S1，村域面积 112 公顷，村民小组 9 个。村域内共有河流 10 条，二纵八横五交织，境内区管河道为西横港河，村域长 1600 米。常住人口 2650 人；户籍人口 2160 人，外来人口 2320 人。60 岁以上人口 817 人，常住人口老龄化率为 30.8%。

由于新生村地处祝桥镇中心区域，耕地面积较少，人口主要就业方向制造业。2022 年村内主导产业有金属加工、服装行业。村集体可支配收入 81.92 万元，其中房屋租赁费 33 万元，建设用地租赁费 27.06 万元，投资收益 16.8 万元，其他收益 5.06 万元；村民人均年收入 2.96 万元。村内耕地面积 265.1 亩（17.67 公顷），承包土地流转面积

211 亩（14 公顷），土地流转率 80%。村内无家庭承包耕地，剩余面积为村民直接流转和自行耕种。流转面积基本上流转至镇农投公司种植水稻，剩余 5 家合作社主要种植水稻、果蔬。村内企业均已减量化，现无其他产业。

新生村域主体部分在内捍海塘以东，外捍海塘以西，成陆于明万历十二年（1584）外捍海塘筑成之前，已有 430 余年历史。据史料记载，村域始有行政建置是清雍正四年（1726）建立南汇县后，属南汇县七团二甲（主体部分）；宣统元年（1909）改团建乡，属七团乡二甲。1949 年 5 月 15 日，解放。同年 12 月建立朝阳村、凉亭村，隶属双亭乡管辖。1950 年 6 月，随江镇地区划归川沙县。1998 年 9 月后，随着区行政区划调整，先后隶属机场镇、川沙新镇。2012 年 1 月，浦东

新生村空间格局鸟瞰（《新生村志》，2021年版）

新区再次调整行政区划，新生村划归祝桥镇管辖，管辖 4 个村民小组，代管撤队后的 5 个村民小组。

新生村地形状似风车，建筑沿晨阳西路向南延伸。村域内河道呈网格分布，原有住宅依水系与城市道路成片而建，沿晨阳西路两侧城镇化较高。民居建筑以 20 世纪七八十年代为主，部分后期翻建，建筑平面布局以"一"字形排布为主，结构体系以砖混为主，建筑 2～3 层。建筑立面有水刷石、面砖等材料，颜色多样，喜用砖、瓦片等当地材料装饰美化院墙，部分建筑沿用原有脊饰、屋瓦，表现出与传统元素混搭的风格。村域内有两株百年古树，分别为香樟树和榆树。两栋"一"字形平面老宅，梁木结构，门窗保留完好。

新生村有深厚的文化底蕴，孕育了许多人才，文化艺术领域有说书先生汪阿龙、艺术家奚国林、农民书画家张水娣等；能工巧匠有陈国民及师傅和师兄弟等。

新生村20世纪七八十年代住宅（2023年8月李晓玫摄）

百年榆树（2023年8月李晓玫摄）

新生村两栋老宅（2023年8月李晓玫摄）

4.1.7 中圩村

中圩村位于祝桥镇施湾社区西北部，浦东国际机场西侧，距市中心约30公里。东依道新村和望三村，南毗航城园和机场变电所，西邻川沙新镇湾镇村和长桥村，北接川沙新镇杜尹村。村域面积112公顷，村民小组9个，自然宅村6个。户籍数为734户，户籍人口2014人，其中男性971人，女性1043人。60岁以上人口724人，户籍人口老龄化率为35.9%。

中圩村的工业起步于20世纪70年代，先是办麻包厂、柳条箱厂、草席厂，后来转办皮鞋厂、服装厂、羊毛衫厂、五金厂等，职工大多数为本村村民，农闲时做工，农忙时务农。截至2022年底，村固定资产原值249.3万元，村可支配年收入约53万元。

中圩村河道纵横，现有河道25条。其中区级河道1条、镇级河道5条、村级河道19条段。主干河道分别是位于村中部东西向的中圩河，全长0.8公里，为镇级河道；村最北端东西向紧靠川六公路的港沙河，全长1.3公里，为镇级河道；村中部偏南北向的红星河，中圩境内全长0.75公里，为区级河道。

村落布局较为规整，除大片集中分布的产业园区外，住宅多沿河流、主干道分布。村中的聚落占地规模小，密度大，其余分布相对均匀分散。村域内聚落呈不规则团块形式分布，沿道路两侧一家一户依次排列，每家农户的住房大体相似，前宅后田。

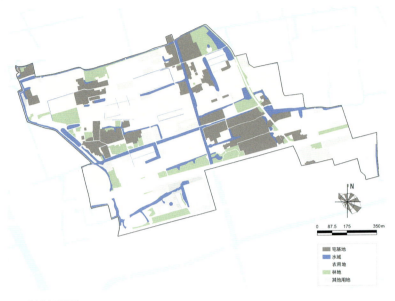

中圩村空间肌理

中圩村内有一处古桥——长庚桥，俗称"唐家桥"，清乾隆三十六年（1771）建造，道光二十年（1840）重修，光绪二十三年（1897）由董事黄庭涌、黄之训等再次捐修。此桥位于中圩村与长桥村交界处的外护塘港上，是当初施镇通往六团的必经之路。2006年拆除，仅余部分桥墩和桥面。

住宅建筑有数量较多的年代较久远的老式民居，多建于20世纪四五十年代，以一进单厢房形制为主。

中圩村长庚桥遗迹（2023年8月孙芳摄）

中圩村村落景观（2023年8月孙芳摄）

4.1.8 祝西村

祝西村位于祝桥镇西部（浦东运河祝桥段的两侧），东至南祝路，南至卫民村，西至新吉村，北至星光村。村域面积 221 公顷，现有 16 个村民小组，一个安置小区，耕地面积 1200 亩（80 公顷）左右。

全村户籍总户数 1287 户，常住人口 5584 人；户籍人口 2952 人，外来人口 2632 人。60 岁以上人口 965 人，常住人口老龄化率为 17.3%。

村域内共有河流 59 条，其中市级河道 1 条（浦东运河）、镇级河道 4 条、村级河道 46 条、其他河道 8 条。

祝西村系唐、宋、元、明时期由长江水挟带泥沙沿海岸线南下，在和钱塘江水汇合时的泥沙沉积，逐渐形成陆地。祝西村地形呈"L"形，其中北片区基本已经拆迁完，只剩南片区的南高桥村一队 1 个村民小组。村域空间内现有小组民居呈组团集中分布，依河而建，单侧排列，多为独栋单排民居。

祝桥镇祝西村现有两处古民宅及一座清代古桥。

倪家宅位于老护塘集庆桥西下塅，今为祝西村九组，距祝桥集镇约 1 公里。自南宋乾道八年（1172）霍公塘（老护塘）筑成后，外来移民来此垦荒，才逐渐形成小村庄，并有

祝西村空间肌理

祝西村集庆桥（2023年8月苏婉摄）

小商铺经营。相传明末清初有苏州府华姓官员率族人避祸于此，改为倪姓，故称"倪家宅"。建筑为"一"字形平面，布局较为简单，木结构歇山顶，屋顶上有清晰的花纹装饰；青瓦白墙，用青灰涂料作墙裙，富有江南民居特色。外墙斑驳，有岁月的痕迹。主要的门窗皆为木制门窗，年久失修，大多已经破旧废弃，保留有古代江南建筑的部分特征。

祝桥集庆桥位于今祝西村九组宅东，为三块石桥，跨运盐河，俗称"倪家石桥"。清乾隆三十四年（1769），张沛和主持建造；清宣统元年（1909），傅恭弼重建。20世纪70年代，由于中埠桥面石断裂，移行前桥的桥石来重修。该桥现保存尚好，唯东埠石阶已有倾斜。祝桥集庆桥是上海古桥的典型代表，被浦东新区列为文物保护点。

祝西村耶稣堂位于今祝西十四组西，占地0.77亩（513.3平方米），设讲坛一座，座凳150余只，配有专人管理。该耶稣堂建于2006年4月，因原金星村十三组耶稣堂，受浦东机场征地影响，由政府拨出土地，信徒捐款30余万元筹建，信徒大多来自祝桥各村。

倪家宅歇山顶（2023年8月徐可依摄）

祝西村倪家宅外立面（2023年8月苏婉摄）

祝西村耶稣堂（2023年8月徐可依摄）

4.2 航头镇

航头镇因集镇而得名，亦称"行头"。明时有盐仓，名斜角仓，候商牙行多聚于此，东西街长约 500 米。镇南闸港和镇东咸塘港上是货物运输的码头，又称"古航里"。元至元十四年（1277），上海镇设市舶司，在此设航运码头，俗称"航头"。2002 年 6 月，原航头、下沙两镇合并建立新镇，命名航头镇。

古时，下沙是指黄浦江以东地区，与崇明岛一样都是由长江夹带的泥沙冲积而成。崇明岛位于北，称"上沙"；这一带位于南，故名"下沙"。北宋后期，盐政衙门设于下沙盐场（又称下砂盐场）本场，故名"下沙镇"。明末，下沙盐场逐渐衰落，下沙才仅指以下沙集镇为中心，方圆数十平方公里内的区域。下沙镇又名"鹤沙镇"，相传华亭侯陆逊（183—245）别业盛养白鹤于此，晋时为盛产白鹤（华亭鹤）的鹤窠村所在地。宋沈括（1031—1095）称，"鹤唯鹤窠村所出为得地，余皆凡格"，鹤沙之名因此而得。

宋建炎年间（1127—1130），在下沙镇设盐监，置两浙都转运盐使司松江分司。元代置盐课司。清雍正四年（1726），属南汇县十九保。清宣统元年（1909），大部分地区属南汇县十九保西联乡，北部 14 图、27 图、40 图、85 图、99 图属周浦镇，东北部 77 图属坦直乡。1927 年，大部分地区属南汇县第九区。1934 年，大部分地区属南汇县第六区鹤沙镇、储仓乡、三民乡，小部分属第五区沈

航头镇空间格局鸟瞰（2023年8月杨崛摄）

庄镇、沈东乡。1947年，大部分地区属古鹤乡、鲁汇乡，小部分属召楼乡、周浦镇。1949年6月，隶属南汇县第四乡联合办事处。1949年10月，隶属南汇县下沙区。1954年9月，撤销下沙区，分属南汇县沈庄区、新场区。1957年7月，撤区并乡，属南汇县下沙乡。1958年9月，成立下沙人民公社。1959年7月，从下沙人民公社划出一、二、十、十一（部分）、十二营，建立航头人民公社。1984年4月，政社分设，下沙人民公社改称"下沙乡"，航头人民公社改称"航头乡"。1986年7月，撤销下沙乡建置，建立下沙镇。1994年8月，撤销航头乡建置，建立航头镇。2002年6月，撤销下沙镇、航头镇建置，建立新航头镇。

航头镇地处浦东新区西南部，东与新场镇相连，南与奉贤区金汇镇毗邻，西与闵行区浦江镇接壤，北与周浦镇相接，总面积59.51平方公里。2022年镇域常住人口约21.28万人。截至2023年底，下辖13个村民委员会、34个居民委员会。

镇域内下沙老街体现下沙千年盐业重镇的风貌，被列为上海市历史文化风貌区。南宋至明初三四百年间，下沙盐场的盐监、盐课司、两浙盐运使司松江分司等设于此，有"鹤沙八景"等名胜。以瞿廷发为代表的瞿氏家族五世为盐官，称为"海上望族"，瞿氏庄园曾被称为"浙西园苑之胜"。太平街、众安街、众西街自东向西列于市河东岸，咸塘港西岸还有南北向面东小街，至今仍基本保留旧貌。

航头镇除沪南公路沿线已经城市化外，其余地域仍是传统的江南水乡风貌，保留有较多传统建筑和特色场景。典型代表如位于王楼村五组的傅雷故居，为浦东新区登记不可移动文物，是一座建于清道光年间（1821—1850）的两进庭院。空间肌理和村庄风貌保存较好的村庄主要有王楼村、沈庄村和长达村等。

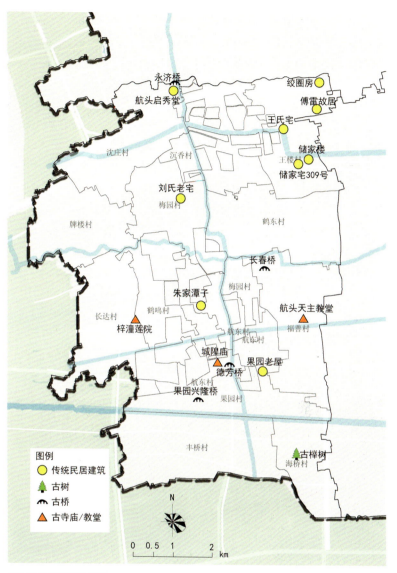

航头镇风貌要素汇总图

4.2.1 王楼村

王楼村位于航头镇东北方向，东靠新场镇，南邻鹤东村，西邻沉香村，北靠周浦镇。村域面积 475.21 公顷，自然村 1 个，村民小组 29 个。村域常住人口 5130 人，男性 2637 人，女性 2493 人；户籍人口 3660 人，外来人口 1470 人，主要来自安徽省淮南市、亳州市。60 岁以上人口 1041 人，常住人口老龄化率为 20.3%。2022 年村内主导产业为服务业。村集体可支配收入 5.87 万元；村民人均年收入 2.2 万元，其中非农收入占比 75%。主要农产品为大米。现有农民专业合作社 2 家，19 个村民小组开展了农业规模化经营，实现农业规模化经营土地 600 亩（40 公顷），耕地经营权流转率 90%。

轨道交通 16 号线鹤沙航城站位于村子西北侧，申嘉湖高速公路、沪奉高速公路、轨道

N

0　150　300　　　　600 m

■ 宅基地
■ 水域
　 农用地
■ 林地
　 其他用地

王楼村空间肌理

王楼村傅雷故居周边空间格局鸟瞰（2023 年 9 月杨崛摄）

傅雷故居入口（2023年8月刘欢摄）

交通 16 号线、下盐公路从村域穿过，整个村域空间分割严重。目前农宅主要集中在村域北部和南部，中部为现代化的工业园区。

　　村域内水道密布、河道纵横，共有河流 110 条，五十六横四十四纵十交织，河道宽度约 5～10 米。北部、南部生态环境良好，"田、林、水、路、宅、院、园"等田园水乡风貌要素保存完好，呈现农田环绕、河港交叉、林水交织的景观格局。

　　上海有多处傅雷故居，王楼村的傅雷故居是傅雷的出生地。傅姓在此地居住，可以追溯到明代永乐年间（1403—1424）。当时，倭寇肆虐，傅家从浙江海盐移居南汇，几经辗转，定居在如今的西傅家宅一带，以"广德志善彰，

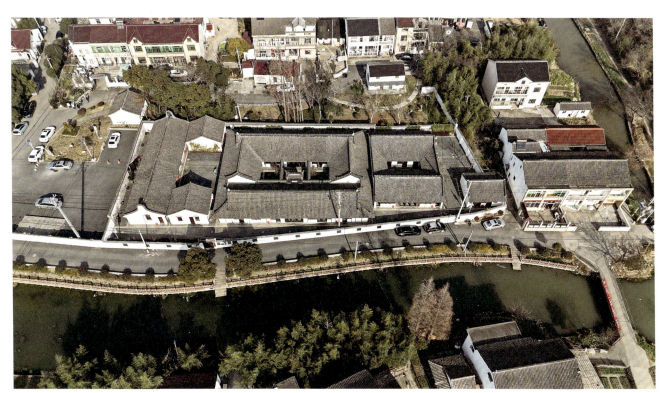

傅雷故居鸟瞰（2023年8月杨崛摄）

圣贤仁义学，忠良万世昌，恭敬信乃祥"为训，世代耕读。到明万历三十二年（1604），开始编撰傅家在南汇的第一部家谱。依照家谱，傅雷为第十八代。

傅雷故居始建于明代，清末重建，原有36间房，由于历史悠久，加之使用不当，到了2018年，毁损严重，只留下15间破败的老屋。2019年由航头镇政府出资修缮，包括傅雷出生房间在内的36间房得以复原。

傅雷故居作为上海浦东地区典型的绞圈房，堪称经典。因完整的大型绞圈房存世数量较少，极具价值。2017年1月25日，被列为浦东新区文物保护点。傅雷故居占地面积1500平方米，建筑面积610平方米。坐北朝南，

砖木结构。其外表庄重朴实，内部空间布局紧凑，院落划分私密安静，砖墙门洞相连通，建筑内部梁枋雕花清晰可见，体现了浦东传统居民类建筑"恬静舒适、曲径悠然、外显庄重、内隐繁华"的风格，是研究当地晚清时期地方民居建造技术和手法的重要实物例证，具有较高的历史和艺术价值。傅雷故居是"四面绞合、围圈而建"的绞圈房，前厅后仪门，后面是由一正两厢围合起来的院落。主体建筑北面建有围墙，距离建筑1.46米，与建筑之间形成巷道，贯穿整个院落。

整个宅院的结构形式为立帖式木结构，主体建筑前厅屋顶形制为单檐歇山顶，小青瓦屋面，西面为歇山屋面，有垂脊设置，四面绞圈，

傅雷故居大木构架（2023年8月刘欢摄）

傅雷故居内部实景（2023年8月刘欢摄）

航头储家楼现状（2023年8月刘欢摄）

为浦东传统绞圈房形式。现存的大木构架制作规整，用材规范，举折平缓，柱与梁枋之间的连接可以看出清代江南民居的建造风格。

檐柱与檐桁之间无装饰性构件，步柱、金柱、脊柱之间也无其他雕花木刻，机枋也为江南普通民居设置。仅在正厅明间（客堂间）楣川上有精细的木刻雕花，也符合浦东民居注重客堂间的特点。

傅雷故居保护修缮后作为傅雷陈列馆使用，目前已经成为弘扬傅雷精神的空间地标、家风家训传承的人文名片及新时代爱国爱乡情怀的教育基地。

航头王氏宅为区文保点，原为三进院落，坐北朝南，现存建筑残损情况严重。其穿斗式厅堂建筑木构架保存基本完整，用料细小，加工粗糙，梁枋朴素无装饰，构件时代特征明显，是上海地区晚清民居的典型案例。该建筑西邻沪奉高速公路，靠近轨道交通16号线鹤沙航城站，交通便捷，目前周围已经全部拆迁。

航头储家楼位于航头王楼村二十八组，是区文保点，始建于清末。坐北朝南，砖木结构。原为三进院，前有门屋，中有大厅，后有堂楼，后两进均为2层楼房，占地面积3743.32平方米，建筑面积720平方米。

东、南、西三面有走廊相通，石库门式大门，上有砖雕门额"礼门义路"，为小篆体。现门厅、东侧前房、东附房已全部拆除，西附房余下4间尚未改建，西侧前房余下6间。

大厅正房余下西侧3间，西厢房已改建，东厢房已无，正房原本剩下的屋架和柱础已被水泥铺地和新建房屋所占。堂楼余下正房东侧3间及东厢房，西厢房已被局部改建，天井内杂草丛生。

该宅具有江南传统民居特色，门楼尺度高大、雕刻精美，是传统中式八字门楼中的精品之作，2017年6月28日被列为浦东新区文物保护点。

航头王氏宅现状（2023年8月刘欢摄）

4.2.2 沈庄村

沈庄村位于航头镇北侧，东至咸塘港，南侧为航头镇梅园村，西邻航头镇牌楼村，北面是周浦镇沈西村。村域面积485公顷，村民小组26个。村域常住人口8931人，男性4543人，女性4388人；户籍人口4930人，外来人口4001人，主要来自安徽省淮南市、安徽省蚌埠市。60岁以上人口3041人，常住人口老龄化率为34.0%。村民主要就业行业包括：农业、服务业、制造业。2022年村内主导产业为服务业，村集体可支配收入1300万元；村民人均年收入2.5万元，其中非农收入占比76%。主要农产品有大米，特色农产品翠冠梨。现有农民专业合作社3家，家庭农场8家，23个村民小组开展了农业规模化经营，实现农业规模化经营土地1700亩，耕地经营权流转率92%。

村宅整体呈组团式分布，部分自然村以点状分散布局，建筑沿水系线形布局。

沈庄村空间肌理

沈庄村现存几栋破损的传统民居，部分20世纪七八十年代民居且大多经过后期翻建，其他为20世纪90年代后期建的民居。20世纪七八十年代的民居建筑以"一"字形排布为主，多为2层，砖混结构，材质为砖石混凝土，部分建筑沿用原有脊饰、屋瓦，表现出与传统

村域河道景观（2023年8月季家豪摄）

航头启秀堂（2023年8月季家豪摄）

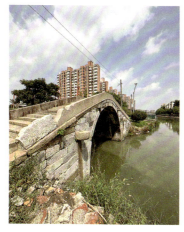

永济桥（2023年8月季家豪摄）

元素混搭的风格，立面主要为水磨石、彩色马赛克贴面、真石漆面，并以带颜色的碎玻璃构成几何形、宝石、建筑修建年份等装饰图案，屋面为青色素瓦或红色琉璃瓦屋面。20世纪90年代后期建的民居多为红瓦，拱形竖向落地长窗，外墙贴石材、大理石、面砖等材料。

沈庄村内有一处浦东新区第二批次文物保护点——航头启秀堂（又称"朱氏曦庐老宅"）。老宅位于沈庄街114弄2—14号，由20世纪初南汇著名实业家朱祥绂与教育理论家、浦东中学校长朱叔源共同出资兴建。该建筑始建于1916年冬，1917年秋建成，建筑面积887.6平方米，占地面积813.95平方米。建筑风貌呈中西合璧式样，至今已逾百年。

现存两进一庭心，整体平面布局呈矩形，坐北朝南。现存正厅、后楼、庭院及东西厢房。启秀堂的入口为正厅明间，木构件糟朽严重，屋面已经坍塌。后楼是2层高的砖木结构建筑，包括正厅、东西厢房围合成"门"字形三合院。

村内有一处古桥——永济桥，位于沈庄塘与咸塘港交汇处，建于清康熙十一年（1672），花岗石单孔石拱桥，由张必诚出资修建，距今已有300多年。永济桥长35米，跨度22米，净跨度7米，宽3.5米，高3.8米，南北两端23级石阶，桥孔横向有6块石板，纵向由7块石板加6条枕石组成。横梁石上镌刻"永济桥"桥名，两旁还镌刻有祥云图案。南北和东西两侧镌刻的桥联都是"南无阿弥陀佛"。

4.2.3 长达村

长达村位于航头镇西南方向，东靠鹤鸣村，南邻闵行区浦江镇，西邻闵行区浦江镇，北靠牌楼村。村域面积 504 公顷，自然村 35 个，村民小组 23 个。村域常住人口 2680 人，男性 1450 人，女性 1230 人；户籍人口 1500 人，外来人口 1180 人，主要来自安徽省蒙城县、颖上县。60 岁以上人口 1045 人，常住人口老龄化率为 39%。2022 年村内主导产业为农业，村集体可支配收入 494.2 万元；村民人均年收入 3.24 元，其中非农收入占比 75%。主要农产品有水稻、草莓、水蜜桃，特色农产品有猕猴桃、翠冠梨。

村域内共有大小河流 153 条，65 横 88 纵 60 交织，河道宽度约 5 ～ 20 米。村域内有林海公路横穿南北，东西向有航三路和鲁南路，村落主要分布在林海公路以西，呈团块状散落布局。村域内河网密布、水系发达、土地平旷、屋舍俨然，呈现"田绕村、园围屋"的乡村田园意境，宛如都市的世外桃源。

长达村空间肌理

长达村风貌（2023年8月孙亚先摄）

梓潼莲院（2023年8月孙亚先摄）

村内农宅多为20世纪八九十年代及近期建造。其中，20世纪80年代建筑多为红色琉璃瓦，坡屋面，立面瓷砖贴面，少部分为粉墙黛瓦；20世纪90年代及近期建造的建筑多为坡屋顶覆红色或青色陶瓦，外墙多为浅灰色或浅黄色喷漆。

村域内有一处寺庙——梓潼莲院（原名"梓潼庙"）。该庙据传始建于唐代，是唐太宗李世民之子李治（高宗）为纪念祖母窦皇后而建。梓潼庙采用山门—大雄宝殿—后殿的传统寺庙格局，两侧的两层厢楼对称呼应，青瓦黄墙别具风格。庙中香炉、铜鼎、铁鼓、铜钟等古色古香；如来佛、四大金刚、十八罗汉等神像惟妙惟肖，是航头地区著名的宗教场所。

长达村有悠久的皮影戏历史，据清光绪《南汇县志》记载，皮影戏"兴于浙江海盐之间，颇复及浦东"。长达村的皮影戏表演团体"得秀班"直至1950年代仍在演出，是家喻户晓的长达村"活名片"。村内建有皮影戏传承馆，内有皮影戏舞台，以及传承人员名录，目前传至第四代。

村史馆内有稻草手工艺品、土布手工艺品展示，以及浦东干菜的传统制作技艺展示等，集中展现长达村历史文化。

长达村农田景观（2023年8月孙亚先摄）

长达村河道景观（2023年8月孙亚先摄）

航头镇长达村地处浦东新区西南部，由于这里是历史上的产盐区，又地处亚热带海洋性季风气候，其气温与降水量、日照度、土壤条件，非常适应许多种类的蔬菜种植。盐业加蔬菜种植的发达，为浦东干菜的传统制作技艺奠定了基础。浦东干菜传统制作技艺，是指农家使用腌渍晾晒的方法，将新鲜蔬菜加工成可以贮藏备用的干菜，长期积淀形成的传统技艺，也成为长达村传承和展示的传统饮食文化。

皮影戏舞台（2023年8月孙亚先摄）

稻草手工艺品（2023年8月孙亚先摄）

干菜文化（2023年8月孙亚先摄）

4.3　新场镇

新场古称"石笋里"，又名"南下砂"。自唐末成陆后，相传该地因满布石笋而称"石笋滩"，后有人居住后称"石笋里"。宋代起，石笋里为下砂盐场的南场；元代初年，下砂盐场总部迁新址于石笋里，故镇名亦改为"新场"，即"新的盐场"。元代、明代为浦东重镇。清乾隆《南汇县新志》对新场有"商贾辏集，科第自来称盛"之说。

新场镇地处浦东新区南部，东与宣桥镇相邻，西与航头镇接壤，北连周浦镇，南与奉贤区奉城镇相望，总面积 53.44 平方公里。2022 年常住人口约 11.94 万人。截至 2023 年底，下辖 13 个村民委员会、12 个居民委员会。

唐天宝十载（751）至元代初年（1271 年左右），新场地区为吴郡华亭县辖区。元至元二十九年（1292）始为上海县辖区。清雍正四年（1726）建南汇县后，新场镇隶属江苏省松江府南汇县下乡十九保。清宣统元年（1909）建新场乡。1910 年代初改为镇，属江苏省南汇县第八区。中华人民共和国成立后，属江苏省松江专区南汇县。1950 年 11 月，新场镇人民政府成立。1958 年，南汇县划入上海市，属上海市南汇县，改为新场人民公社。1983 年又恢复新场乡。1994 年 5 月，原新场镇、新场乡建置撤销，建立新的新场镇。2001 年 7 月，撤销原新场镇、坦直镇建置，建立新的新场镇。

新场镇是中国历史文化名镇，素有"十三牌楼九环龙，小小新场赛苏州"之称。2005 年，老镇区 0.69 平方公里被定为"上海市历史文化风貌保护区"。镇内有十万平方米明、清至 20 世纪上半叶的古民宅，其中三进以上保存完好的院落 20 处，近 2 万平方米；镇区内至今完好地保存着宋代以来 1500 米的马鞍水桥和石驳岸；元代始建的南山寺至今仍香火很旺，

寺后 2 棵 700 年树龄的古银杏依然苍翠挺拔，石拱桥、石板平桥随处可见。传承的非物质文化项目有浦东派琵琶、上海锣鼓书、江南丝竹、灶花等。空间肌理和村庄风貌保存较好的村庄主要有新场村、祝桥村、仁义村和众安村等。

新场镇风貌要素汇总图

新场镇空间格局鸟瞰（2023年9月杨崛摄）

4.3.1 新场村

　　新场村位于新场镇古镇周边区域，东靠东城居委，南邻王桥村，西邻果园村，北靠新卫村。新场村民居与新场镇区的各居委城镇居民融为一体，呈现"农夹居、居夹农"的状态，为新场镇唯一一个城中村。村域面积200公顷，村民小组12个。村域常住人口3576人，男性1596人，女性1980人；户籍人口2376人，外来人口1200人，主要来自江西省广丰县、安徽省寿县。60岁以上人口1052人，常住人口老龄化率为29%。村民以外出务工为主。2022年村内主导产业为资产房屋租赁业，村集体可支配收入100万元。新场村域内共有河流21条，七横十四纵二交织，河道宽度约3～5米。新场村主要河道为新场港，贯穿全村南北；南五灶港、南六灶港、大治河横穿村域。

新场村空间肌理

新场村聚落肌理鸟瞰（2023年8月杨崛摄）

南山寺（2023年8月汤少忠摄）

东岳观（2023年8月汤少忠摄）

新场村，以"新场"为名，历史渊源与新场一脉相承，位于中国历史文化名镇新场镇古镇区域，与新场镇区相互交织、密不可分。新场村水乡格局，由上海浦东煮海熬波的盐业生产奠定，主要河道南五灶港、南六灶港的历史地名依然延续，新场港贯穿全村南北，大治河横穿村域。新场村河道纵横交错，这些河道穿过民居房前屋后，呈现出"江南人家尽枕河"的局面。

新场村除了地名与新场镇一脉相承外，最为突出的特点就是寺庙庵堂众多，有建于元大德十年（1306）的南山寺，建于明成化年间（1465—1487）的东岳观，建于明万历年间（1573—1620）的城隍庙，建于1910年代的红庙，建于1912年的接引庵等历史文物建筑。其中，南山寺、东岳观的寺庙功能依然延续；城隍庙、红庙、接引庵等现已成为民居。

新场村水宅相依（2024年1月汤少忠摄）

四库书房（2024年1月汤少忠摄）

南山寺，俗称"南庵"。始建于元大德十年（1306），由僧照主持建造，初名"常寂庵"。清顺治初（1638年左右），僧九如重修，易名"南山寺"，又名"南山禅寺"。清同治三年（1864），住持僧觉可再修，置香积田五十亩、内房屋三十八间，有三元殿、雷祖阁等，阁后银杏三株。南山寺后历经战火兵灾，唯有圆通宝殿、大雄宝殿及银杏两株幸存。2001年起，先后修复大雄宝殿、天王殿、东西厢房、圆通宝殿等，逐步恢复古寺原貌。2005年修缮后，现有房屋6幢，包括大雄宝殿、圆通殿等，总占地面积6076.34平方米，建筑面积886.22平方米，砖木结构。大雄宝殿坐北朝南，面阔5间8.8米，进深11.7米，9梁架，歇山灰瓦顶，镂空脊，台基高0.5米，四周有回廊。圆通殿面阔5间，9梁架，硬山灰瓦顶。为新场地区重要的宗教活动场所。

东岳观，始建于明弘治年间（1488—1505），明嘉靖年间（1522—1566）毁于倭寇，1928年遭日军焚毁后重修。建筑为砖木结构，一山门一正两厢布局，所有房屋外墙均为赭红色，山门面阔3间，砖木结构，中间高3层，硬山琉璃瓦顶；两侧高2层，歇山琉璃瓦顶，飞檐翘角。大殿面阔3间，9梁架，进深12米，格扇门，裙板雕花瓶及花束。大殿两侧各有耳房1间，砖木结构，硬山灰瓦顶。另有新建的前厅，占地面积1296平方米，建筑面积788.2平方米，面阔和进深均为6米。该观是当地重要的宗教活动场所，2017年被公布为浦东新区文物保护点。

众多的宗教场所，不仅能相互共存之外，其文化还与当地经济、文化、生活融为一体，展现了一派和谐融洽的乡俗乡情氛围。如，新场三月廿八民俗庙会显示了和睦乡里、以厚风俗，崇文尚德、承古更新，构建和谐社会的社会价值，通过城乡物资交流，民间工艺产品和生活用品的展销，产生一定的经济效益；通过大江南北的文艺交流，丰富新场文化历史的底蕴。新场三月廿八民俗庙会，也于2019年5月被列入浦东新区非物质文化遗产名录。再如，南山寺每年的腊八节都会举行施粥活动，走进社区慰问老人。这些活动，展现了海纳百川、开放包容的文化，也让人感受到新场村的民风民俗。

新场村除了"小桥流水人家"的水乡情境，比较独特的还有几棵树龄六七百年的古银杏树。其中，南山寺后有2棵，植于建寺之初元大德十年（1306），距今已有700多年树龄。原北山寺后的1棵，植于明永乐年间（1403—1424），树龄600多年。古银杏树郁郁葱葱、枝繁叶茂，其中一棵树高23.5米，胸径5.30米，冠径18.5米，古银杏树耸立在寺院中，顿感寺院的古老久远与生机活力。

新场村的古建筑以寺庙建筑为主，南山寺、东岳观雕梁画栋，古风犹存。红庙、接引庵等庙宇建筑与民居融为一体，让人感受到新场的文化融合力。新场村不仅有不同宗教的共存，宗教民俗文化活动与居民生活的融合共生，还有宗教历史建筑与民居的融合共享。

与南山寺相依的一处荷塘宅院，院内亭台楼榭、小桥流水，现已成为四库书房的新

四库书房（2024年1月汤少忠摄）

场雅集。建筑面积 600 余平方米，主体建筑为两层五开间，坐北朝南的古建筑，粉墙黛瓦、雕花门窗、通透明亮；宅前有荷塘、宅后有竹林，侧面有拱桥、亭榭，院落内移步换景，相映成趣。 书房以古朴典雅的书房为载体，集结传统文化界诸位大师、学者、专家以及社会各界精英人士，开展读书会友、名家讲演、雅集清谈等活动，于尘世喧嚣之外，营造宁静致远之所，回归中国古代文人的读书意趣。

行走在新场古街，能感受到浓浓的民间美食氛围，各种小吃招牌幌子迎风飘扬，好不热闹。其中比较突出的是下沙烧卖。烧卖有甜咸之分，咸味烧卖以当季新鲜的春笋、鲜肉和秘制猪皮冻为馅料，甜味烧卖用豆沙、核桃仁、瓜子仁和陈皮制馅，甜咸烧卖中以笋肉烧卖最受欢迎。

新场下沙灌汤烧卖（2024年1月汤少忠摄）

新场村古银杏树（2023年8月汤少忠摄）

4.3.2 祝桥村

祝桥村于 2002 年 11 月由原祝桥村、一灶村合并组成，位于坦直集镇东侧，南与宣桥镇胡桥村接壤，北同六灶镇连民村相交，东与宣桥镇相接，西与坦东村、蒋桥村相连。村域面积 388 公顷，设 18 个村民小组和 1 个中心村。总户数 1190 户，户籍人口 2901 人。村域常住人口 4381 人，男性 1972 人，女性 2409 人；常住人口 2901 人，外来人口 1480 人，主要来自安徽省、江苏省。60 岁以上人口 1074 人，常住人口老龄化率为 24.5%。村民外出务工为主。2022 年村内主导产业为农业生产及养殖业，村集体可支配收入 484.82 万元，村民人均年收入 4 万元，其中非农占比 88%。

祝桥村村域空间内宅、田、水、林交错，村宅与水网、林田融合，北部、中部相对集中，南部成团状散布在农田中，形成多元化的布局模式和空间肌理，建筑沿东西向灶港和沿南北向水系呈线形模式布局。

祝桥村空间肌理

祝桥村北片区空间格局鸟瞰（2023年5月张强摄）

祝桥村中心村与三灶港两岸聚落肌理鸟瞰（2023年5月张强摄）

祝桥村一灶港两岸聚落肌理鸟瞰（2023年5月张强摄）

"稻梦水乡、乐游祝桥"彩稻画

果蔬林地鸟瞰（2023年9月杨崛摄）

祝桥村下盐路北侧田宅相间、三灶港南侧、下盐路北侧成片农田，田园风光特色分明。

祝桥村水道密布、河道纵横的水网肌理，百年成陆及煮海制盐的发展历程，形成临水而居及水路出行的生活传统。河道东西向有北横河、北龙游港、北三灶港、北二灶港、南龙游港、北一灶港、横二号河；南北向河道主要有纵四号河、度假村支河、小石桥浜。河道宽度约 10 ～ 18 米，河网间距约 94 ～ 400 米，田块尺度约 2 公顷。

祝桥村的路以水为脉，依水而生，三条公路——下盐公路、航三公路、沪芦高速，村内主路有祝航路、宣祝路、祝东路、4-9 组路、航三支路。

祝桥村林地资源丰富，分散布局在村域内，整体景观性较好。主要沿下盐路南面的两片林地：锦荟园、无花果蔬林地。位于八组的锦荟园房车基地，占地面积约 50 亩（3.33 公顷），周边可开发利用土地 100 余亩，可承接周边旅游资源的溢出效应，提升建设农耕、宠物、露营等功能。

村域中现保留百年老宅 4 栋，其中祝桥村 162 号周氏老宅，建于 200 多年前，建筑面积 340 余平方米；祝桥村 869 号黄氏老宅亦建于 200 多年前，建筑面积 350 平方米；祝桥村 812 号宋氏老宅，建于 150 年前，建筑面积 350 平方米；祝桥村一灶 673 号沈氏老宅，已有超过 100 年的历史。

平面布局上周氏老宅原来是"口"字形绞圈房，后拆除部分变为"一"字形平面布局；黄氏老宅建筑平面为"口"字形布局；宋氏老宅原来是"口"字形绞圈房，后拆除西侧建筑，现为"凹"字形布局；沈氏老宅为"一"字形布局。

周氏老宅和宋氏老宅的建筑结构上在重要部位做少量雕饰采用"肥梁瘦柱"的做法，即柱子纤细，梁檩肥厚（且多为扁作）。上部有童柱的穿柿，为了装饰效果有加大截面高度，以仿月梁状（或成羊角状），呈现"势高力重，人皆知之"的效果。黄氏老宅和沈氏老宅均采用立帖式穿斗结构，梁柱装饰简单。

四栋老宅的材质上均为黑瓦砖墙外粉石灰，外墙多为小青砖墙外粉石灰，屋顶为小青瓦，屋面为歇山顶。立面形式大方简洁，屋顶带有复杂转角顶的收头，屋面带有简单和镂空的山花造型。外立面墙体除了部分青砖纸筋灰砌筑，外墙为戗篱笆或者护壁篱，庭院内墙面则为纸筋灰。周氏老宅有带窗花的落地长窗；黄氏老宅在还保留了原来样式如东墙的戗篱笆。外立面门窗多为木板支窗，内庭院为蠡壳窗。有的门板上甚至钉有细小的竹篾。

建筑细部丰富。屋顶山花中间有砖雕；屋脊有砖雕；门窗上有木刻雕花；庭心地面铺装多以青砖，其花式以砖砌席纹、间方、普通顺纹等为主。

锦荟园鸟瞰（锦荟园）

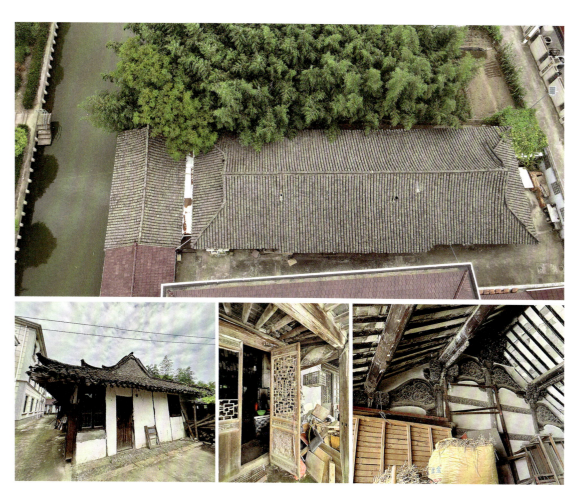

祝桥村周氏老宅航拍及内外实景（2023年8月杨崛、田景华摄）

祝桥村黄氏老宅航拍及内外实景（2023年8月杨崛、田景华摄）

祝桥村宋氏老宅航拍及内外实景（2023年8月杨崛、田景华摄）

祝桥村沈氏老宅航拍及内外实景（2023年8月杨崛、田景华摄）

4.3.3 仁义村

仁义村位于新场镇西北方向，东靠坦南村、蒋桥村，南邻新卫村，西邻航头福善村，北靠坦西村。村域面积 520 公顷，村民小组 27 个。常住人口 6100 人，男性 3355 人，女性 2745 人；户籍人口 3800 人，外来人口 2300 人，主要来自安徽省淮南市、池州市以及河南省驻马店市。60 岁以上人口 1391 人，常住人口老龄化率为 22.8%。

2022 年村内主导产业为农业，村集体可支配收入 385 万元；村民人均年收入 4.8 万元，其中非农收入占比 0.5%。主要农产品有水稻、果蔬，特色农产品有水蜜桃。

村域内有申江南路及康新公路两条道路横穿南北，南侧有轨道交通 16 号线新场站，对外交通便捷，也对村域形成一定干扰。河网密布、水系发达，村宅呈团块状散落分布，整

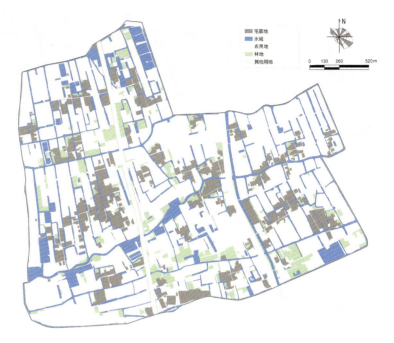

仁义村空间肌理

仁义村空间格局鸟瞰（2023年8月杨崓摄）

仁义村村域风貌(2023年8月孙亚先摄)

仁义村金沈家宅外立面、庭院及细部构造(2023年8月孙亚先摄)

体呈现宅在田间、田水相依、林田交织的江南水乡风貌。村域内共有大小河流139条，水道纵横，池塘广布。

现存民居多为20世纪八九十年代及近期建造。20世纪80年代建筑多为黑瓦硬山屋面；20世纪90年代及近期建筑多为红色琉璃瓦、红色或黑色陶瓦屋顶，2～3层砖混结构，浅灰色、浅黄色或浅砖红色瓷砖饰面，现代风貌。

村域内有一处绞圈房——金沈家宅，房龄约150年，完整性较好，西侧及西北角"L"形房屋经改造后出租，墙体及屋顶均已翻新。屋顶为红色琉璃瓦，剩余部分仍为青砖黑瓦，屋顶为歇山顶。采用穿斗式结构，内部屋顶为木梁结构。东侧仍有老人居住，其余房屋内堆放杂物，院内地砖铺就席纹图案。

村域内有两座古桥。一座为九如桥，又名"倪家庙桥"，始建于清嘉庆二十二年(1817)，距今已有200多年。此桥为三跨双拼石板桥，横跨在一条名为"小二灶港"的小河上。桥名"九如"，取自当年出资建桥人的名字。

另一座古桥为宝善桥，建于嘉庆十九年(1814)，由沈裕成出资建造。宝善桥，俗称玉蟹桥，位于九如桥北300米。两座桥大小、构造如出一辙，也是一座三跨双拼石板桥。

仁义村四季分明，空气湿润，日照充足，河沟交错，风景秀丽，景观基础良好，现种植有水稻、三麦（小麦、大麦、元麦）、玉米、高粱、荞麦、红薯等粮食作物，西瓜、甜瓜、杏、桃、李、石榴、葡萄等瓜果，田园风光特色明显。

仁义村田园风光（2023年8月孙亚先摄）

仁义村九如桥（2023年8月18日孙亚先摄）

仁义村宝善桥（2023年8月孙亚先摄）

4.3.4 众安村

众安村位于新场镇东南，东靠宣桥镇，南邻奉贤区奉城镇，西邻新南村，北靠王桥村。村域面积 396 公顷，村民小组 25 个。村域常住人口 3143 人，男性 1558 人，女性 1585 人；户籍人口 1371 人，外来人口 1772 人，主要来自江苏省、安徽省。60 岁以上人口 1237 人，常住人口老龄化率为 39.4%。2022 年村内主导产业为农业，村集体可支配收入 434.95 万元；村民人均年收入 2.88 万元，其中非农收入占比 60%。主要农产品有玉米、水稻、矮脚青和葡萄等。

众安村生态环境良好，"田、林、水、路、宅、院、园"等田园水乡风貌要素保存完好，呈现农田环绕、河港交叉、林水交织的景观格局。申江南路、新奉公路、沪芦高速公路贯通全村，整体聚落分散布局，聚落肌理较为破碎，部分乡村聚落组团形成相对集中的枝状分散形态，其他聚落组团呈水、路、宅线性空间肌理，建筑沿水系、道路呈南北向线形布局，"一"字形排列。

众安村历史遗存丰富，村域内有两处传统建筑、三座古桥、一处历史遗迹。

众安村空间肌理

两处传统建筑中有一处为绞圈房，已有百年历史，面积较小，呈"回"字形平面布局，中间为天井。建筑整体保存较好，目前有两位老人居住。

众安村有三座古桥，均为浦东新区第一批次文物保护点。

新场众安桥，俗称"盛家桥"。明嘉靖十一年（1532），由盛伯珪、盛际时修建，清乾隆二十年（1755）由吴必达重修。该桥为单孔石拱桥，南北走向，跨水仙港，花岗石

众安村空间格局鸟瞰（2023年9月杨崛摄）

众安村617号绞圈房（2023年8月刘欢摄）

众安村古桥（2023年8月刘欢摄）

质，长11米，宽1.95米，具有江南水乡桥梁特色。

斗姥阁桥，位于新场镇众安村三组。清康熙三十八年（1699）修建，嘉庆七年（1802）由朱跃重建。该桥为单跨花岗岩石板桥，桥墩用石块砌成，南北走向，跨一灶港，桥长17.70米，宽1.75米，高2.20米，净跨度6.80米。北境长5.30米，8步石级；南境长5.60米，11步石级。桥面西侧刻有"斗姥阁桥"字样及花纹，并刻有"康熙己卯年七月建""嘉庆七年仲冬月重建"小字。因年久失修，南境桥基松动，桥面与北石级基本完好。

新场界河桥，因地处奉贤、南汇交界，故名。清道光年间（1821—1850）建。该桥为三跨平梁桥，花岗岩材质，南北走向，跨界河港。桥长16.7米，宽1米。桥面以三块石板并铺，两侧刻桥名和桥联。桥脚并立三块条石，上置长1.75米的横梁。两岸桥墩用块石砌成，具有江南水乡桥梁特色。

现存一处古迹——元宝堰。相传清代末年，两代帝师翁同龢族人避难途经此地，平坦的坝堰忽然凹陷，像元宝，同时有仙鹤掠过，从此这支族人世居在元宝堰。

新场界河桥（浦东文物网）

元宝堰（2023年8月刘欢摄）

4.3.5 坦东村

坦东村位于新场镇北侧，东靠祝桥村，南邻蒋桥村，西邻坦南村，北靠周浦镇北庄村。村域面积242.7公顷，自然村1个，村民小组21个。村域内共有河流63条，二十一横四十二纵十八交织，河道宽度约3～15米。

村域常住人口3749人，男性1981人，女性1768人；户籍人口3293人，外来人口1014人，主要来自河南省息县。60岁以上人口1307人，常住人口老龄化率为34.8%。

该地区的农业规模化经营非常活跃，共有3家农民专业合作社、8家家庭农场和20个村民小组，管理着1475.36亩（98.36公顷）农田。耕地经营权流转率高达84%，农民之间积极合作，实现规模经营，提高了农业生产的效益和可持续性。这种合作模式推动了农业现代化，提升农产品质量和数量，也增加了农民的收入。

坦东村空间肌理

北翁家宅鸟瞰（2024年1月杨崛摄）

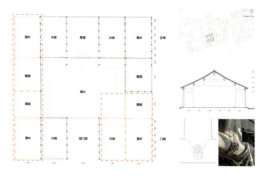

北翁家宅测绘图（刘泽坤绘）

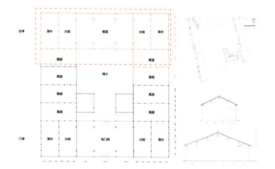

北翁家宅测绘图（刘泽坤绘）

坦东村古桥（2023年8月金相宪、德本美月摄）

康家老宅（2023年8月金相润摄）

村域现有特色民居建筑1处，位于十三组的康家老宅，为文物保护点。康家老宅建于清代道光三十年（1850），为绞圈式四合院，砖木结构、歇山灰瓦顶民居。宅子坐北朝南，一正两厢房；正房面阔五间，七梁架，宽20米，进深5.8米，两侧各有厢房三间，宽9.2米；前有五开间门房，其明间为大门，由此进入内院。

有古树一棵，为树龄80多年的香樟树；有古桥2座，即保佑桥和乐善桥。

村域另有一处历史建筑遗存，经居民口述该建筑原名"煦德堂"，现称"北翁家宅"，位于坦东村连南村民小组，建于清代，设计和建造者为翁同龢（1830—1904）族人。该建筑为特色绞圈房民居，砖木结构，两垛。部分保留完好，残存约350平方米。该建筑的墙门间、抱梁、收头均具有较高的建筑艺术价值。

村域另有一处历史建筑遗存，原名待考证，现称"北范家宅"，位于坦东村连南。建筑建于清代，是特色绞圈房民居，为砖木结构，原有三垛，现存两垛，残存约350平方米，有

北范家宅航拍（2024年1月杨崛摄）

较高的建筑价值。其月梁、檐柱、抱梁、收头具有较高的艺术价值和保护价值。

4.4 宣桥镇

相传 400 多年前，有位宣姓宜兴人在此开了一家铺子，为方便南来北往的行人，他出资在四灶港上造了一座木桥，人称"宣家桥"，宣桥从此得名。

宣桥镇地处浦东新区东南部，东邻惠南镇、大团镇，西靠新场镇，南与闵行区接壤，北接川沙新镇，总面积 45.81 平方公里。2022 年常住人口约 9.39 万人。截至 2023 年底，下辖 12 个村民委员会、12 个居民委员会。

宣桥镇域在唐代已大部分成陆。元至元二十九年（1292），宣桥地区属松江府上海县长人乡下沙场；三灶地区则先后隶属松江府上海县长人乡下沙场，苏州昆山县、吴郡华亭县、秀州（后改为嘉禾郡、嘉兴府）华亭县。清雍正四年（1726），朝廷分出上海县长人乡大部分为南汇县，宣桥地区属南汇县十九保二区，三灶地区先后属南汇县长人乡、新场乡、第八区、新场区、第七区。1911 年后，宣桥地区属新场、大团等地管辖。直至 1947 年，国民政府在此设宣桥乡。1943 年，三灶建乡，成立乡公所。1962 年 5 月，宣桥人民公社成立。1984 年 4 月，政社分设，宣桥人民公社更名为"宣桥乡"，三灶人民公社改为三灶乡，大队改为村，生产队改为村民小组。1995 年 9 月，宣桥乡撤乡建镇为宣桥镇。2002 年 7 月，撤销原宣桥镇、三灶镇建置，合并成新的宣桥镇。宣桥镇被大治河横穿，境内有国家级风景名胜区——上海野生动物园，是长三角地区著名的主题旅游地。

调研发现，宣桥镇乡村地区传统民居建筑保留不多，但保留的古桥较多，如广安桥、三德桥、裕丰桥、兴隆桥等，空间肌理和村庄风貌保存较好的村庄主要有三灶村、光辉村、腰路村和中心村等。

宣桥镇空间格局鸟瞰（2023年9月杨崛摄）

宣桥镇风貌要素汇总图

4.4.1 三灶村

三灶村位于宣桥镇北，东靠光明村，南邻光辉村，西邻腰路村，北靠川沙新镇。村域面积 245.5 公顷，下辖自然村 7 个，村民小组 15 个。村域常住人口 5063 人，男性 3038 人，女性 2025 人；户籍人口 1675 人，外来人口 3188 人，主要来自安徽省淮南市、湖南省衡阳市。60 岁以上人口 1029 人，常住人口老龄化率为 20.3%。2022 年村内主导产业为农业，村集体可支配收入 2.21 万元；村民人均年收入 6 万元，其中非农收入占比 100%。耕地经营权流转率 100%。

三灶村南侧被下盐公路横穿、南六公路纵向跨越村域。村域空间肌理丰富，由东西向道路划分为南北两部分，南部主要为村组聚落空间，水系环绕、田舍俨然，同时配套有商业空间；北部主要为生态农业风貌，包含农田、生态林等。

三灶村空间肌理

三灶村空间格局鸟瞰（2023年8月杨崛摄）

东立面　南立面　内部穹顶

施家教堂（2023年8月孙亚先、陈琳摄）

　　村域整体呈南北向的狭长地块，三条横向主河道及两条纵向主河道交织，水道密布。村宅聚落主要分布在南六公路西侧、下盐路北侧，沿路、沿水呈团块状分布。村域内共有河流43条，十二横二十六纵五交织，河道宽度约4～25米，面积约100～38098平方米；河网间距约1000米，田块尺度约10亩（0.67公顷）。

　　村域内的施家天主堂，建于1904年，砖混结构，中西合璧风格。建筑为拉丁十字平面，东侧为塔楼及主入口，中殿为巴西利卡布局，水泥粉刷墙面，饰有彩色玻璃等，内部墙面及屋顶为白色粉墙，柱子为黄色石膏罗马柱。建筑形式兼具中国传统建筑与西式教堂建筑特征，为宣桥地区重要的宗教活动场所，2017年8月15日被上海市人民政府列为优秀历史建筑。

　　村域内有一处民宿——方外度假民宿，于2020年由荒废30年的小学建筑改造而成。建筑以白色为底色，装饰以大面积玻璃及橙色横向线条，建筑整体明亮耀眼。

　　三灶村内有两株80年树龄的古枣树，还有石桥、特色景观河道等，村庄人文景观丰富、产业兴旺，拥有环境优美的乡村风貌特色场景。

方外度假民宿（2023年8月孙亚先摄）

两株80年树龄的古枣树（2023年8月孙亚先摄）

4.4.2 光辉村

光辉村位于宣桥镇东北方向，东靠惠南镇民乐村，南邻项埭村，西邻季桥村，北靠三灶村。村域面积 3.41 公顷，下辖自然村 2 个，分别为原曙光村和光辉村，村民小组 17 个。村域常住人口 3856 人，男性 1835 人，女性 2021 人；户籍人口 3323 人，外来人口 865 人，主要来自安徽省。60 岁以上人口 961 人，常住人口老龄化率为 24.9%。

2022 年村内村集体可支配收入 40 万元左右；村民人均年收入 3 万元，其中非农收入占比 95%。

光辉村区域内河网纵横、沟渠密布、水量充沛，为发展农业、淡水养殖、交通运输提供了十分优越的条件。村域内共有大小河流 63 条，三十横二十九纵四交织，河道宽度约 10～40 米。其中，东西向河道从南到北分别是：北一灶港、界沟、北二灶港、界沟、北三灶港；南北向河道是红三港。红三港是区级河道，其他均为镇级河道。

光辉村的聚落分布较为集中，多沿道路、水系组团分布，一条区级河道和数十条镇级河道纵横分布，住宅沿河道与交通主干道分布，

光辉村空间格局鸟瞰 (2023年9月杨崛摄)

属于较为典型的街道式村落。

现有一座乡间小庵——百拙庵，位于光辉村 188 号。始建于清乾隆十五年（1750），据说原为三面环水，翠竹掩映，有远观"只见竹林不见庵"之名。

2006 年 5 月，百拙庵投入 140 万元重建庵堂，古庵焕新颜。全庵呈"田"字形封闭式院落格局，建筑面积 687 平方米。殿宇庄严，主体建筑由正殿、后殿及东西厢房组成。正殿坐北朝南，位于整个建筑的中央，为三层重檐四方攒尖顶的正方形楼阁式塔楼：一层为大雄宝殿；二层为念佛堂，横匾"莲池海会"；三层为圆通宝殿，兼作藏经阁。正殿一层向南抱厦前出，上悬"百拙庵"竖匾。整座塔楼玲珑挺拔，古雅秀丽。后殿为往生堂。两层东、西厢房共有房屋 52 间。在百拙庵前院悬挂有大铜钟一座，钟声清韵悠扬。黄墙红瓦，远眺十分显眼。

村域河道肌理（2023年8月孙芳摄）

百拙庵（2023年8月孙芳摄）

4.4.3 腰路村

腰路村位于浦东新区中部，宣桥镇西北角、六奉公路、下盐公路交汇点，东邻三灶村，南邻季桥村，西接新场镇祝桥村，北靠川沙新镇连民村。村域面积 372 公顷，由原腰路村和丰乐村两村合并而成，下设村民小组 21 个。村域内共有大小河流 125 条，河道宽度约 3～50 米。

村域常住人口 3687 人，男性 2133 人，女性 1554 人；户籍人口 2057 人，外来人口 1630 人。60 岁以上人口 1208 人，常住人口老龄化率为 32.8%。村集体可支配收入 242 万元，村民人均年收入 4.2 万元，其中非农收入占比 89%。主要农产品有水稻和蔬菜，特色农产品是清美 5G 水稻和有机蔬菜。现有农民专业合作社 6 家，21 个村民小组均开展了农业规模化经营，共实现农业规模化经营土地 1750 亩（116.67 公顷），耕地经营权流转率达 80%。

腰路村空间肌理

村农业旅游年客流量 3000 余人次，经营收入十万余元，主要旅游项目为乡村振兴示范村农业观光游和体验游，游客主要来自上海市区以及周边邻近地区。

腰路村空间格局鸟瞰（2023年9月杨崛摄）

村域内现有特色民居建筑1处，已有120余年历史，地址为宣桥镇腰路村二十一组腰路村760号，名为"760号民宅"。建筑为"一"字形平面，采用木结构，歇山顶，外墙面为砖墙外粉石灰，木制门窗，建筑木构架为褐色，屋顶铺小青瓦。

宣桥兴隆桥，又名"唐家宅桥"，由唐世德主持，建于清乾隆三十四年（1769），东西走向，跨刘家港。桥为三跨平梁桥，花岗石质，长15.6米，宽1.3米。桥身两侧刻有桥名及花纹。桥脚一侧刻桥联："会有壮心题过客，岂有伟略授奇人。"该桥具有江南水乡桥梁特色。

现有公共水井1处，名为"饮水思源古井"，地址为宣桥镇腰路村十八组腰路村1066号。

村宅空间格局上呈组团和线形两种布局模式。村宅组团沿五丰路东西向呈鱼骨状分布，村宅南北向沿水域或道路呈线性分布，外围被水田林穿插，呈多元化的水乡肌理，整体呈现"河网纵横，田村隐映"浦东水乡意境。乡村聚落组团形成相对集中的枝状分散形态，沿村主要道路田与邻水呈不同组群集聚。

腰路村民居建筑除现存几栋破损的传统民居，以20世纪七八十年代民居为主，部分经后期翻建，20世纪90年代后期陆续建造的欧陆风格民居也较多。传统民居为单层青瓦砖木结构，其他民居结构体系以两层砖混为主，部分建筑沿用原有脊饰、屋瓦，表现出对传统建筑元素的传续。结构体系主要为砖混结构，材质为砖石混凝土。20世纪80年代民居立面主要为水磨石、彩色马赛克贴面、真石漆面，并以带颜色的碎玻璃镶嵌几何形、宝石、建筑修建年份等图案作为装饰，屋面为青色素瓦或红色琉璃瓦。20世纪90年代后期建的民居屋顶多为红瓦，立面建拱形竖向落地长窗，外墙贴石材、大理石、外墙面砖等。

腰路村村域空间肌理（腰路村村民委员会）

腰路村兴隆桥（2023年8月田景华摄）

饮水思源古井（腰路村村民委员会供）

腰路村河道（2023年8月田景华摄）

760号民宅（2023年8月田景华摄）

腰路村20世纪80年代民居（2023年8月田景华摄）

腰路村民宿建筑（2023年8月田景华摄）

4.4.4 中心村

中心村位于宣桥镇南端，大治河南面，东靠大团镇团西村，南邻奉贤区四团镇小塘村和奉城镇北宋村，西邻新场镇唐桥村，北靠二灶港，与长春村、陆桥村隔河相望。村域面积368公顷，常住人口368人，男性197人，女性171人；户籍人口3158人，外来人口109人，主要来自江苏省徐州市、安徽省淮南市。60岁以上人口1319人，户籍人口老龄化率为41.7%。村民主要就业行业包括制造业、种植业和服务业。2022年村内主导产业为农业，村集体可支配收入76.39万元；村民人均年收入4万元。主要农产品有蔬菜、瓜果。现有农民专业合作社3家。

村域内水道纵横，共有河流40条，代表性河流有三团港、南一灶港、奉惠港等，其中区级河道三团港南北向横穿村域。三团港以西林地集中成片，南芦公路至三团港为大面积的农田，农宅组团集中在南芦公路以东。农宅建筑群体随水系、道路展开，呈组团散落。

村内民居主要为20世纪七八十年代建造（部分经后期翻新），以及新建建筑，已无传统建筑。部分建筑沿用原有脊饰、屋瓦，呈现传统建筑元素的混搭风格。结构体系主要为砖

中心村空间肌理

宣桥镇中心村中部林水空间（2023年8月曾文韬摄）

混结构，材质为砖石混凝土，立面主要为白墙漆、瓷砖，屋面覆青色素瓦或红色琉璃瓦。

村内有三座列入文物保护点的古桥，均跨一灶港，它们是宣桥永庆新桥、宣桥广安桥、宣桥三德桥。

宣桥永庆新桥为浦东新区文物保护点，又名"施家石桥"。清乾隆十六年（1751）由施嘉文与妻张氏建。道光九年（1829）童寅保、李国臣、李桂等四人修。光绪二十三年（1897）馀庆堂施重修。1922年再修。三跨花岗石石板梁桥，南北走向，跨一灶港。长18.5米，宽1.1米。两头各有3步石阶。桥身一侧刻有"永庆新桥"桥名及花纹，另一侧刻有"施嘉文同妻张氏建造；大清道光己丑年春李国臣、童寅保修；光绪丁酉九月余庆堂施重修"字样。桥墩上也刻有花纹图案。桥脚两侧刻有对联："庆连南奉闾阎千喜万悦，永镇本乡通达四面八方"；"安宁创造耕者尽沐洪恩，和平建设行人咸称便利"。

宣桥广安桥为浦东新区文物保护点（第一批次），又名"陈家石桥"。始建年代不详，1940年由陈壁堂重建。南北走向，三跨花岗石平梁桥，长25.3米，宽1.1米。桥面用两块石板并铺，两侧刻有桥名。桥脚用两根石柱拼立，上置横梁，刻有桥联："彩焕虹梁千里波涛雄巨镇，星临□雁舟楫便利通申江"；"桥森锁镉潮平海高丽红霞，刹枕东鳌地控申江凝紫云"。

宣桥三德桥为浦东新区文物保护点（第一批次），宣桥三德桥建于1929年，南北走向，为三跨平梁桥，花岗石质，长24.8米，宽1.6米。两岸桥墩用条石砌筑，中间桥脚用大条石拼立，上横龙头石。桥面两侧刻桥名，桥脚两侧有桥联："水贯东西此港是往来要道，路通南北成梁免旅行后□"；"集金累石永留村道更行人，山店名□□已河滨成小市"。

宣桥永庆新桥（2023年8月曾文韬摄）

宣桥广安桥（2023年8月曾文韬摄）

宣桥三德桥（2023年8月曾文韬摄）

4.5　惠南镇

　　惠南镇境域属长江三角洲冲积平原，由长江顺流而下裹挟大量泥沙的江水在海上与钱塘江水汇合，在海潮顶托下沉淀成陆，故名"南汇"，又称"南汇嘴"。1934 年前，县城一直称"城厢"，惠南镇之名始于 1934 年南汇县实行保甲制时，以有惠于南汇之意而得名惠南镇，沿用至今。

　　惠南镇地处上海市东南部，东接老港镇，南连大团镇和万祥镇，北靠祝桥镇，西邻宣桥镇，总面积 65.83 平方公里。2022 年常住人口约 26.08 万人。截至 2023 年底，下辖 26 个村民委员会、54 个居民委员会。

　　清雍正四年（1726），南汇县析自上海县，属江苏松江府管辖，县治就设在南汇城内。1947 年，国民政府裁区并乡，南汇县划分为 30 个乡镇，原惠南乡部分地区属惠南镇管辖。1949 年 5 月上海解放，惠南镇属城区的一部分。1958 年 9 月，惠中人民公社成立，惠南镇划归惠中人民公社，改名"惠中营"。1959 年 6 月，南汇县将公社区域重新划分，惠南镇脱离惠中人民公社单独建置。1995 年 2 月，惠南镇、惠南乡撤二建一，建立新的惠南镇。2003 年 4 月，黄路镇、惠南镇建置撤销，建立新的惠南镇。2004 年，原盐仓镇的陆楼、永乐两村区域划入惠南镇。惠南镇原为南汇区委区政府驻地，2008 年 4 月，区委、区政府迁至临港新城。2009 年 4 月，南汇、浦东两区合并为新的浦东新区。

　　惠南镇保留的传统建筑和特色场景主要分布在南部，空间肌理和村庄风貌保存较好的村庄主要有海沈村、六灶湾村、民乐村和徐庙村等。

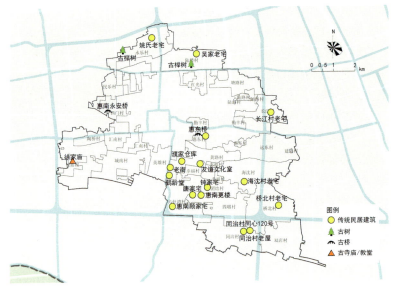

惠南镇风貌要素汇总图

惠南镇空间格局鸟瞰（2023年8月杨崛摄）

4.5.1 海沈村

海沈村位于惠南镇东南部，东靠老港镇欣河村，南邻桥北村，西邻幸福村，北靠远东村。村域面积318公顷，自然村1个，村民小组26个。轨道交通16号线惠南东站就在海沈村内，周边有城市道路绕城高速公路G1503、沪南公路等，交通便利。

村域常住人口2600人，男性1258人，女性1342人；户籍人口3838人，外来人口600人。60岁以上人口1200人，常住人口老龄化率为46.2%。

海沈村作为第三批乡村振兴示范村，依托区位、生态、产业、规划和人文五大基础和优势，形成"一粒米、一盆花、一个瓜"的支柱产业，实现城乡功能互补、融合发展，更好挖掘乡村的经济价值、生态价值和美学价值，打造成为沪乡文化主题村、自行车运动特色村、乡村创客集聚村。

村域呈东西狭长形，被轨道交通16号线、泐马河等分割成不同部分，其中轨交16号线以西为农田、林地及小部分新建小区；16号线和泐马河之间区域，黄路港南部聚落绵延成片，呈团状分布，黄路港北部为大片农田；泐马河东部聚落呈团状散落。村域基本为网格化联排民宅，稻田区和住宅区相对集中。

村域内共有大小河流87条，四十五横三十纵二十二交织，河道宽度约5～15米，湖荡5片，面积约100～200平方米。除泐马河、黄路港、海沈河等主要河流外，其余支流多蜿蜒曲折，状如蛛网，尤以海沈河—黄路港—泐马河—老港河围合区域为典型。

村域内保存一处传统绞圈房，呈"凹"字形布局。结构为立帖式木结构，砖砌方式与江南传统做法不同，为江北做法，传统上称为"如皋式"。屋面为歇山顶，石灰墙小青瓦。色彩为灰色肌理以及白墙黑瓦，体现江南风格。建筑内部有精致雕花，人物栩栩如生。青瓦瓦当

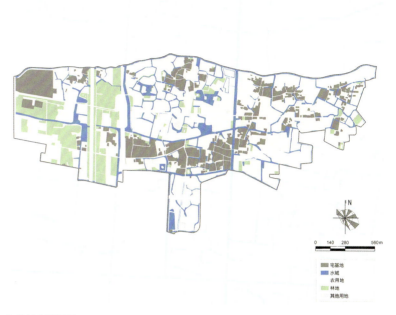

海沈村空间肌理

村域空间肌理鸟瞰 (海沈村村民委员会)

海沈村村域空间鸟瞰（海沈村村民委员会供）

海沈村"凹"字形平面绞圈房（2023年8月刘生摄）

和滴水有清晰花纹。该栋老宅经设计团队采用保护性措施整体修缮，实现了修旧如旧效果，现取名为"记忆海沈"，用于展示村庄的非遗活动和产品，不定期开展各类阅读和艺术体验活动。

海沈十二道工坊，是根据海沈村人文底蕴和沪乡文化打造的，集沪乡记忆、沪乡味道、非遗传统手工艺、乡村匠人于一体的工坊集群，工坊多由传统建筑或民居改造而成，实现传统美学和现代文明的碰撞，包括阿婆点心工坊、花细草工坊、外来星工作室、屋里厢咖啡、天使菜饭、老八样、乡间花坊、乡间酒坊、村上售卖、黑鱼饭、小确幸花坊和记忆海沈。

村域建有乡俗文化馆和沪乡文化传习所，曾举办《沪乡记事》展览，通过书籍中的本地谜语、儿歌、谚语和老照片的创意展陈，让人体悟多彩的沪乡文化，同时，通过全息影像技术展示传统农耕文化，为人们呈现"海沈的原乡生活"。

海沈村乡创空间由原本破旧不堪的仓库厂房改造而成，已成为年轻人在乡村进行文化创作的"大本营"。乡创空间的一年365天开放，为青年提供创业场所的同时，也给游客提供休憩和服务咨询。

海沈村作为自行车奥运冠军钟天使的故乡，积极推广骑行文化，设计"骑行路线"，沿路有公共服务点提供自行车租赁和路线导览，将十二工坊、乡俗文化馆、乡创空间等各个特色景点有机串联起来，形成了独特的风景线，成为远近闻名的"网红村"。

屋里厢咖啡

乡间花坊

又见老八样

花细草工坊

海沈村十二道工坊(2023年8月23日赖志勇摄)

乡俗文化馆(2023年8月刘生摄)

乡创空间"大本营"(海沈村村民委员会)

4.5.2 六灶湾村

六灶湾村位于惠南镇东南部，东靠四墩村，南邻同治村，西邻大团镇团新村，北靠黄路村。村域面积 250 公顷，村民小组 19 个。村域常住人口 3525 人，男性 1869 人，女性 1656 人；户籍人口 2345 人，外来人口 1180 人。60 岁以上人口 1348 人，常住人口老龄化率为 38.2%。2022 年村内主导产业为农副产业，村集体可支配收入 407 万元；村民人均年收入 3 万元，其中非农收入占比 68%。主要农产品有小番茄、西瓜、葡萄、翠冠梨等。现有农民专业合作社 2 家，本村耕田主要以流转为主，耕地经营权流转率 98%。

六灶湾村南侧由大治河横贯，西侧被浦东运河绕过，因地处南六灶港弯曲处而得名。南团公路南北向横穿村域，村域主要有河道 7 条，四横三纵，村域整体形态大致呈"L"形。

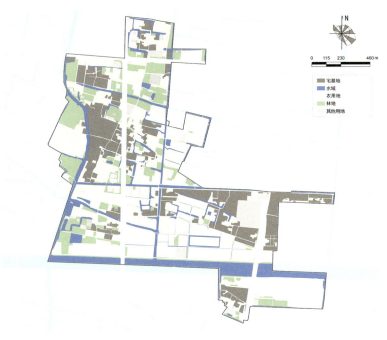

六灶湾村空间肌理

六灶湾村空间格局鸟瞰（2023年8月杨崛摄）

惠南顾家宅外立面及内部构造（2023年8月孙亚先摄）

惠南鹤令堂外立面及细部构造（2023年8月孙亚先摄）

老街建筑及街巷空间（2023年8月孙亚先摄）

六灶湾村域大部分位于大治河北侧，西邻浦东运河，内部河网纵横，水系发达。村组主要沿河、沿路的走势形成聚落，呈团块状发展布局。整体呈现宅田相间、水路相依、林田交织的聚落空间。

六灶湾村内有一处区文保点惠南顾家宅，建于清宣统二年（1910）。据说主人是二团地区的世家大族，其老宅是南汇地区最大的地主庄园。建筑为一座一层砖木结构传统民居，原有建筑群规模庞大，坐北朝南，分东、中、西三组，南北走向，轴线布局。目前，东侧轴线建筑群已拆移至惠南古钟园内，西侧轴线建筑群已毁，基址上已建新民居。仅存的中间一组轴线建筑，占地1900平方米，建筑面积986平方米，共两进院落，房间30余间。该建筑具有较高的历史、艺术价值，于2017年1月25日被公布为浦东新区文物保护点（第一批次）。2020年，惠南顾家宅进行了保护修缮工作。另一处区级文物保护点惠南鹤令堂，始建于清同治年间（1862—1874），原为鹤令堂药店，现已作为居民住宅。鹤令堂占地139.2 平方米，建筑面积 278.4 平方米。建筑为两层三开间楼房，上下共 6 间，坐西朝东，六架梁，硬山灰瓦顶，两侧为荷叶山墙。该建筑具有江南传统民居特色。

村域内现存一条老街，据传在明代就已成聚落，清代逐步发展为二团地区主要集镇，20 世纪上半叶达到顶峰。老街上至今尚有遗存的多幢两层街面老建筑。六灶湾地区开埠较早，清末民初时期，商业颇为发达。早在 19 世纪中叶，六灶湾集镇就开设鹤龄堂中药店，街道两边设有米行、水作、南货、肉庄、茶馆、饭店、理发店等多家店铺，商业比较繁荣。至1920 年代，发展至鼎盛时期。抗日战争后，六灶湾地区的商业逐步衰落。1956 年，对私营工商业进行社会主义改造后，1957 年南汇县城区建立黄路乡政府，办公地设在川南奉公路黄路集镇，商业中心逐步移到黄路镇，六灶湾镇只剩几家小店。

濮家仓库位于六灶湾集镇北端。濮家在六灶湾村是工商地主，1949 年后，濮家大院曾作为国家仓库存放粮食。据说，上海各地的濮姓多数是早年迁自六灶湾，现留在六灶湾村的并不多。该建筑原为绞圈房，现仅存部分，山墙为小观音兜，内部为穿斗式结构。

村内有一处绞圈房，已拆除四分之一，现为"凹"字形平面。山墙为硬山，穿斗式结构，屋面覆青瓦，外立面已经过改造，呈现混合风格。

六灶湾村绞圈房（2023年8月孙亚先摄）

仪门

穿斗式结构

小观音兜山墙

外立面

濮家仓库（2023年8月孙亚先摄）

4.5.3 民乐村

民乐村位于惠南镇西北方向，东靠大川公路，南邻西门村，西邻宣桥镇曙光村，北靠永乐村。村域面积0.85公顷，下辖自然村1个，村民小组4个。

村域常住人口753人，男性378人，女性375人，户籍人口373人；其中，外来人口380人，主要来自安徽省芜湖市、安徽省六安市。60岁以上人口140人，常住人口老龄化率为18.6%。村民主要就业行业为服务业、制造业。

2022年村内主导产业为农业，村集体可支配收入5万元。主要农产品有翠冠梨、黄桃。现有农民专业合作社2家，4个开展了农业规模化经营的村民小组，实现农业规模化经营土地303亩（20.2公顷），耕地经营权流转率52%。

民乐村地形整体呈长方形，村域空间层次明显，西侧主要为农田，中部民居依河而建，东侧为上海市浦东医院。西侧农田整齐排列，公路两侧林地呈带状分布。

村域内共有河流26条、主要包括二灶港、横桥港纵横交织，河道宽度约8～10米，田块尺度约15米。

村域内主要以20世纪八九十年代建筑为主，部分后期翻建。建筑平面布局以"一"字形排布为主，结构体系以砖混为主，建筑为低层住宅，多为独栋单排。建筑立面主要为水磨石、真石漆面，并以带颜色的几何图案作为装饰；后期的建筑立面多为淡黄色装饰面砖，屋面主要为青色素瓦或红色瓦屋面。建筑装饰主要用水刷石加菱形组合，配以横向线条。部分建筑采用欧式外窗及栏杆装饰，栏杆为白色几

民乐村空间肌理航拍（2023年9月杨崛摄）

何图案装饰。山墙顶部有三角形、矩形对称装饰图案。

黄家楼昔称"黄家阁"，是原南汇县著名的元代建筑群，位于惠南镇民乐村十组，南临北二灶港，东靠楼宅河（1958年开河，南北贯通），河东有新建的大川公路，隔路是新建的南汇中心医院。史载，黄家楼系黄承司在元至正六年（1346）为官浦东而建造的衙署式官邸，规模曾有十楝九庭心之巨，有大小房屋数百间，占地十余亩，除一般古代庄院常见的屋宇楼阁、池沼和园林之外，还有一定规模的衙署建筑。整个建筑群体结构严谨、风格古雅、雕梁画栋、斗栱重檐，显示出精湛的建筑技艺。黄家楼建筑历史悠久古朴，呈现元明风格。建造之初，该地尚为东海海滩，南汇尚未建县，故当地人们至今有"先有黄家楼，后有南汇城"之说。现住有人口近200人，除3户外来的别姓外，其余都是黄承司的后裔。该建筑群现已无遗存。

民乐村沿河道空间（2023年8月祝贺、张正秋摄）

两层现代建筑（2023年8月祝贺、张正秋摄）

4.6 老港镇

老港镇因境内有一条老港河而得名。其地处上海市浦东新区东南沿海，东临东海，南与书院镇、南汇新城镇接壤，北傍祝桥镇，西与惠南镇毗邻，总面积 66.72 平方公里。2022 年常住人口约 4.69 万人。截至 2023 年底，下辖 7 个村民委员会、4 个居民委员会。

其行政区划演变历程如下。清光绪十年（1884）至 1936 年为南汇县第一区二团乡、城东乡辖区。1937 年建立老港乡，始有独立建置，隶属南汇县第一分区，直至 1949 年。1950 年 1 月，撤乡建区，建立老港区，辖有 10 个乡、100 个村。1957 年 9 月，撤区并乡，恢复乡建置，下辖 20 个高级社。1958 年 9 月，老港人民公社成立，辖有日新、成一、横华（1984 年改名西沙）、牛肚、灶东、中港、港西、港北、港东、西河、港南、沈港、铁桥、烟墩 14 个生产大队，1 个居委会，173 个小队。1960 年，公社机关驻地由老港集镇西街迁至中港镇。1959—1960 年，上海市商业二局到老港创办国营农畜场，公社和农场合署办公。1961 年初，农畜场停办。1983 年 6 月，增设东进大队，下设 3 个生产小队，至此，辖有 15 个生产大队，176 个生产小队。1984 年，实行政社分设，建立老港乡。1995 年 7 月，撤销老港乡，建立老港镇。1996 年 4 月撤销南汇县滨海乡，其行政区域划归南汇县老港镇管辖。2002 年 7 月，由原来的 15 个村合并为 7 个村，行政区辖成日、牛肚、中港、建港、东河、大河、欣河 7 个村委会和老港、滨海 2 个居民委员会。

镇域内的老港垃圾填埋场是亚洲最大的垃圾填埋场，现已"蝶变"为全品类固废分类处理和资源化利用的保障型环保基地，成为生态环保基地。

调研发现，老港镇保留的传统民居建筑较少，空间肌理和村庄风貌保存较好的村庄主要有成日村和牛肚村等。

老港镇空间格局鸟瞰(老港镇供)

老港镇风貌要素汇总图

4.6.1 成日村

成日村位于老港镇西北部，东靠两港大道，南临陆家路，西临绕城高速公路G1503，北靠三灶路港。村域面积465公顷，村民小组24个。村域户籍人口4080人，常住人口3789人，外来人口857人。60岁以上人口1576人，常住人口老龄化率41.6%。村民主要就业行业包括：种植业、渔业、林牧渔服务业，以及其他非农行业。2022年村内主导产业为种植业，村集体可支配收入50万元，其中非农收入占比35%。主要农产品有粮食、果蔬，特色农产品有阳光玫瑰葡萄、翠冠梨等。村域内共有河流137条。现有古树名木一株百年榉树。

成日村空间肌理

成日村于2002年由原成一村与日新村合并而得名。成一村形成村落最早，所以村名的原意是城外第一村，由8个村民小组组成。而日新村，是由于光绪二十八年（1902）一位名张顺兴的文人迁居于此，并为村庄取名日

成日村建筑空间肌理（成日村村委会）

成日村传统民居（2023年9月田景华摄）

20世纪80年代民居及欧陆风格民居（2023年9月田景华摄）

新，意在日日向新。1957 年 7 月，日新大队建立；1984 年政社分设后改名日新村；直到 2002 年与成一村合并。

村宅空间格局上呈线形和组团两种布局模式。村域西侧村宅依托水田林肌理，整体呈多个组团式地集聚。村域东侧沿水系、沿道路呈线形分布，外围水、田、林穿插环绕。

"多元化"的水乡肌理，整体呈现"河网纵横，林水隐映"的水林互抱空间。乡村聚落组团沿村内主要道路呈鱼骨、树枝状布局；建筑肌理呈行列式"一"字形布置。

民居建筑除现存几栋破损的传统民居（绞圈房）、20 世纪七八十年代民居（部分后期翻建）、90 年代后期陆续建的欧陆风格民居。20 世纪七八十年代民居建筑的平面布局以"一"字形排布为主，结构体系以砖混为主；楼层以两层为主，部分建筑沿用原有脊饰、屋瓦，表现出传统元素的混搭；结构体系主要为砖混结构，材质为砖石混凝土；立面主要为水磨石、彩色马赛克贴面、真石漆面，并以带颜色的碎玻璃镶嵌几何形、宝石、建筑修建年份等图案作为装饰；屋面覆青色素瓦或红色琉璃瓦屋面。20 世纪 90 年代后期建的民居屋顶多为红瓦，建有拱形竖向落地长窗，外墙贴石材、大理石、面砖等材料。

老港杨定故居，始建于清末，原为四合院式，现正房已无存，仅存一段围墙。原建筑坐北朝南，砖木结构，硬山灰瓦顶，具有江南传统民居特色。老港杨定故居是上海近代红色建筑遗迹。杨定（1913—1943），南汇老港镇日新村人，1939 年加入中国共产党，历任新四军浙东纵队科长、三北（姚北、慈北、镇北）分会主任等职。1943 年被日军杀害，年仅 30 岁。

2006 年村内一株百年榉树，位于日新六组 853 号，立古树名木保护牌（二级）。

田水路宅空间（2023年9月田景华摄）

杨定故居遗址（2023年9月田景华摄）

百年榉树（2023年9月田景华摄）

4.6.2 牛肚村

牛肚村位于老港镇西北，东靠白龙河，南至卫星河与建港村一河之隔，西与长江村接壤，北与成日村交界。村域面积530公顷，自然村2个、村民小组25个。村域常住人口6266人，男性2803人，女性2287人；户籍人口5081人，外来人口1185人。60岁以上人口1678人，常住人口老龄化率为26.8%。村民主要就业行业为农副业。

2022年村内主导产业为农业，村集体可支配收入116.6万元。特色农产品有雪菜、水稻、葡萄。现有农民专业合作社4家，17个村民小组开展了农业规模化经营，实现农业规模化经营土地1311.9亩（87.46公顷），耕地经营权流转率77.79%。

村域内共有149条河流，纵横交织，河道宽度约2～20米。

牛肚、西沙区域隶属江苏省苏南行政公署松江专区南汇县第一区城东乡，原牛肚、西沙地区属城东乡1-5保辖地。废除保甲制后，1950年1月，老港区人民政府成立，下辖10个乡，牛肚、西沙属牛肚乡管辖。1956年2月，南汇县并区并乡，老港地区设两个大乡，辖17个初级社；牛肚村为丰收二社，西沙村为丰收三社。1957年9月，南汇县撤区建乡，设立22个高级社，牛肚、西沙建置不变，牛肚村仍为丰收二社，西沙村仍为丰收三社。1958年11月，老港人民公社建立后，下设11个营，原牛肚村、西沙村隶属于老港人民公社第三营和第二营。1959年2月，南

牛肚村空间肌理

牛肚村河道现状（2023年9月刘生摄）

汇县将人民公社区域重新划分，老港人民公社设 14 个大队，牛肚区域为牛肚大队，西沙区域为西沙大队，大队设立管理委员会。

1984 年 4 月，撤销老港人民公社建置，建立老港乡，牛肚大队更名为"牛肚村"，西沙大队更名为"西沙村"，建立村民委员会。1995 年 9 月，撤销老港乡建置，建立老港镇，村建置不变。2002 年 7 月，撤销牛肚村、西沙村建置，两村合并成新的牛肚村。合并后，原牛肚村一至十三村民小组建置不变，原西沙村一至十二村民小组调整为十四至二十五村民小组。至 2018 年底，牛肚村下辖 25 个村民小组。

红窑建筑位于南汇老港镇牛肚村秋荷路 33 弄 88 号牛肚支路口。红窑原本是一家建于 1969 年的制砖厂，20 世纪 90 年代初停产，现在是举办桃花节的会场，主体建筑内部现为网红咖啡店——一尺花园。

牛肚村传统民居（2023年9月刘生摄）

老港镇牛肚村红窑（2023年9月赖志勇摄）

红窑建筑外立面（2023年9月刘生摄）

红窑建筑室内空间（2023年9月刘生摄）

4.7 大团镇

大团镇旧又称"一团镇"，因南宋盐政编制"一团"和明代行政编制"图团"而得名。该镇地处浦东新区东南，东与万祥镇相邻，南与奉贤区四团镇接壤，西与宣桥镇毗邻，北与惠南镇相连，总面积 50.57 平方公里。2022年常住人口约 8.53 万人。截至 2023 年底，下辖 16 个村民委员会、5 个居民委员会。

清雍正四年（1726）南汇建县，大团地区隶属于江苏省松江府南汇县。宣统三年（1911）建大团乡，1929 年置大团镇。1934—1949 年隶属南汇县第八区公所，1949 年后隶属南汇县第六乡镇联合办事处，后改名为"大团区政府"。1956 年，大团镇为南汇县属镇。1958 年，南汇县隶属上海市，同年 9 月，建立大团公社。1984 年 2 月，撤销公社建置，建立大团乡。1994 年 5 月，撤销大团镇、大团乡建置，组建大团镇，实行镇管村体制。2003 年 5 月，原大团镇、三墩镇建置撤销，建立大团镇。2009 年 4 月，南汇区建置撤销，大团镇隶属上海市浦东新区。

清末民初，大团镇依托发达的水上交通，成为南汇县东南沿海地区农副产品的集散地，被誉为"金大团"。大团拥有"瓜果之乡"的美誉，是上海水蜜桃第一镇。团星牌蜜露桃获全国银奖、上海金奖。此外，葡萄、"8424"西瓜、三丰牌甜瓜在市内享有盛誉。空间肌理和村庄风貌保存较好的村庄主要有果园村、赵桥村和邵村等。

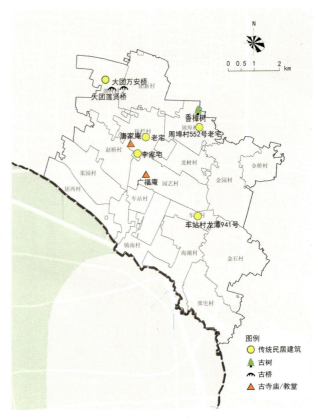

大团镇风貌要素汇总图

大团镇空间格局鸟瞰（2023年8月杨崛摄）

4.7.1 果园村

果园村位于大团镇西首，东面与镇区隔浦东运河相望，南至一灶港，西邻宣桥镇，与三德村相邻，北靠达二灶港。村域面积150公顷，1999年原果园村与银杏村合并为果园村，2002年原果园村和王厅村合并，建立新的果园村。全村有村民小组19个，其中原果园村4个村民小组、王厅村6个村民小组、银杏村9个村民小组。

村域常住人口2588人，男性1085人，女性1503人；户籍口2088人，外来人口500人，主要来自安徽、河南、江苏等地。60岁以上人口1289人，常住人口老龄化率为49.8%。村民主要就业行业包括农业、制造业、公共事业、服务业。

N

0 130 260   520 m

宅基地
水域
农用地
林地
其他用地

果园村空间肌理

果园村空间格局鸟瞰（2023年8月杨崛摄）

果园村建筑特征鸟瞰（2023年8月杨崛摄）

2022年村内主导产业为农副产业——种桃，村集体可支配收入22万元，村民人均年收入3万元。现有农民专业合作社10家，4个村民小组开展农业规模化经营，实现农业规模化经营土地1006.5亩（67.1公顷），耕地经营权流转率33%。

村域以住宅用地、果园为主，园地面积158.7亩（10.58公顷），耕地面积11.8亩（0.79公顷），住宅用地面积48.9亩（3.26公顷）。村域内共有河流63条，河道宽度约3～30米，已完成生态治理。聚落为组团散布，建筑沿道路和河流两侧分布。

村域整体为狭长形，呈西北—东南走向。共有河流63条，河道宽度约3～30米，其中西北—东南走向的南一灶港和二灶港沿着村界流过，东北—西南走向的多条支流如齿梳状平行密布排列，将村域切割成多个细小的条块。东西向横穿的东大公路将村域分割成两个部分，但整体村域风貌较为统一，聚落多沿河、临路呈带状分布，被大片农田、果园等围绕，呈现出典型的田水路宅的乡村风貌。

现有房屋多为20世纪八九十年代后新建建筑，建筑为单排布局，以2~3层砖混结构楼房为主。屋顶结构基本为双坡坡屋顶，加铺各种屋瓦，以红瓦和青瓦为主，也有部分屋面改为平顶结构，立面大多为普通山墙面，整体色彩呈白墙红瓦。20世纪八九十年代后的建筑立面多为白色石灰面，或者彩色水刷石带图案，或全彩色瓷砖贴面，立面局部装饰红色和蓝色砖贴面。

村域以种植桃子为主，桃树种植面积已经达到153.2公顷，占全村耕地面积89.4%，仅蜜露桃种植面积就达到146.67公顷。果园村已经成为上海乃至全国的蜜露桃种植基地之一。大团蜜露桃，作为果园村最负盛名的农产品，自上市以来就以其独特的品质赢得广大消费者的喜爱。它皮薄肉厚、甜度高，被誉为"果中奇葩"，荣获了多项大奖，包括国家林业部的银奖、上海市沪郊百宝，以及南汇区名特优产品等称号。

果园村还充分利用"大团蜜露桃"原产地的优势，配合"上海桃花节"的市场推广，

果园村桃园（2023年8月郑茹瑛摄）

积极建设农业生态园区、休闲农庄"农家乐"旅游设施，准备将果园村打造成集观光、休闲、体验于一体的生态农业旅游区。现有王厅桃海景点和百匠村乡村特色民宿等特色场景。王厅桃海景点，近 700 亩（46.67 公顷）的桃林，以自然生态环境、农业果树园林资源、休闲娱乐、乡村文化等为基础，为人们提供赏花、娱乐、休闲等功能的开放式景点，以满足人们走进自然、体验乡村文化的大众需求。

百匠村乡村特色民宿，是上海浦东新区首批获得证照的试点企业之一，位于浦东新区大团镇千亩桃花源中，体现原生态的乡村生活。百匠村民宿每栋房子都有一位匠人驻扎，游客可以和本土匠人一起参与劳作，体验手作，还新建了活动大空间、会议室、百人宴会厅、党员活动中心等，为公司团建、会务、聚会、活动的开展提供合适的场地。

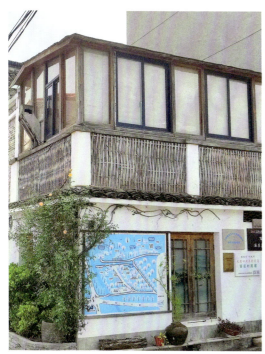

百匠村乡村特色民宿（2023年8月郑茹瑛摄）

4.7.2 赵桥村

赵桥村位于大团镇西北方向，东靠东灶港，南临二灶港，西邻陆桥村，北靠扶栏村。村域面积 300 公顷，村民小组 23 个。村域常住人口 2868 人，男性 1415 人，女性 1453 人；户籍人口 2607 人，外来人口 263 人，主要来自河南省濮阳市、山东省临沂市、江苏省宿迁市、安徽省涡阳市、安徽省淮南市。60 岁以上人口 643 人，常住人口老龄化率为 22.4%。

村民主要以种植桃树为主。2022 年村内主导产业为农业和旅游业，村集体可支配收入 280 万元；村民人均年收入 5 万元，其中非农收入占比 30%。主要农产品有蜜露桃、水蜜桃，特色农产品有黄桃、翠冠梨、"8424" 西瓜、玉米等。现有农民专业合作社 6 家，4 个村民小组开展了农业规模化经营，实现农业

赵桥村空间肌理

赵桥村空间格局鸟瞰（2023年8月杨崛摄）

赵桥村村域风貌2023年8月汤少忠摄)

赵桥村桃园景观（2023年8月汤少忠摄）

规模化经营土地 198 亩（13.2 公顷）。村农业旅游年客流量 80 万人次，经营收入 100 万元。

村域内共有河流 81 条，十一横三十五纵三十五交织，河道宽度约 2～30 米。历史上人民为方便盐业运输、农业灌溉、渔业养殖，筑河开塘，形成了典型的圩田水网。河网水系由干渠、支渠两级水渠形成规则网络，其中东西向的干渠主要依托原有灶港，间距为 300～500 米；支渠呈南北向布局，联系干渠，其间距在 200～300 米左右。

赵桥村依河而建、择水而居，村落沿河道展开，总体呈现出沿河带簇状空间布局。各村落四周被田林所环抱；村域水道密布，环绕村落和农田，形成林、宅、水和谐交融的乡村空间肌理。

村落约形成于清嘉庆二十四年（1819），因乡绅赵氏造了一座桥，方便村民进出。旧时，修桥铺路是善举，乡邻希望子孙不要忘记赵氏恩德，称此桥"赵家桥"。时间长了，赵家桥简称"赵桥"，村名也用了桥名。

历史上，赵桥地区就以种植桃树而闻名。明代有诗"南浦三寅凉玉箫，风雨归舟过独桥。万千粉桃连天处，飘出罗敷农桑谣"，描写赵桥的桃园风光。

上海水蜜桃经历了露香园水蜜桃、黄泥墙水蜜桃、龙华水蜜桃到南汇水蜜桃的培育发展阶段，如今大团水蜜桃已经成为上海的金字招牌。在众多农展会上，大团赵桥村的桃子斩获许多荣誉：2009 年，通过国家无公害农产品认证，在"上海首届桃王擂奖赛"上荣获"桃王"奖；2010 年上海市优质果品（桃）评比中荣获银奖。

4.7.3 邵村

邵村位于大团镇西北，东靠扶拦村和团新村，南邻赵桥村，西邻宣桥镇，北靠惠南镇。村域面积 480 公顷，村民小组 26 个。村域常住人口 3983 人。其中，男性 1993 人，女性 1990 人；户籍人口 3850 人，外来人口 133 人。60 岁以上人口 1382 人，常住人口老龄化率为 34.7%。村民主要就业行业包括加工业、农业。2022 年村内主导产业为农业，村集体可支配收入 80 万元；村民人均年收入 5 万元，其中非农收入占比 60%。主要农产品有水稻、西甜瓜，特色农产品有葡萄、蜜露桃。

现有农民专业合作社 8 家，4 个村民小组全组动迁，耕地经营权流转率 61.4%。村域内共有河流 79 条，横纵交织，河道宽度约 5～15 米，面积约 1.5 万～2 万平方米；河网间距约 5～8 米，田块尺度约 50 米。境内水陆交通便捷，主要河道有大治河、五灶港，主要公路有三宣路，东连南团公路，西接南芦公路，徐邵路北通宣黄路，南接三宣路，大川公路南北贯穿村域。

村宅空间格局上呈线形和组团两种布局模式。大治河以北村宅依托水、田、林肌理，整体呈组团式集聚。大治河以南沿水系呈线形分布，外围依托水、田、林肌理，整体呈组团式集聚。大川公路为南北向过境道路；其余道路走向顺应农田与村宅组团形势。

"多元化"的水乡肌理，整体呈现"河网纵横，田村隐映"的浦东水乡意境。乡村聚落组团形成相对集中的枝状分散形态；大治河以北临水、临田、临林，呈组团式集聚；大治河以南村庄沿道路、沿水道成组呈线形集聚。

村内民居以 20 世纪七八十年代建筑为主，部分经后期翻建，建筑平面布局以"一"字形排布为主，结构体系以两层砖混结构为主。部分建筑沿用原有脊饰、屋瓦，表现出与传统建筑元素混搭的风格。建筑材质为砖石混

邵村空间肌理

邵村大治河南村域鸟瞰（2023年8月张强摄）

现代民居(2023年8月田景华摄)

凝土，立面材料主要为水磨石、彩色马赛克贴面、真石漆面，并以带颜色的碎玻璃镶嵌几何形、宝石、建筑修建年份等图案作为装饰。屋面覆青色素瓦或红色琉璃瓦。

邵村大团莲贤桥，又名"步行桥""四灶港桥""苏界沟桥"，建于1930年。该桥为三跨平梁桥，东西走向，跨四灶港，长16.5米，宽1.1米。桥面用两块石板并铺，两侧分别刻"步行桥""莲贤桥"文字。桥桩用三块石柱拼立，上横龙头石，刻楹联"桂馥院克享华年，伉俪名桥允寿世"，"东南通蟠龙起凤，西北达万福千秋"。两头桥墩条石砌筑。该桥具有江南水乡桥梁特色，是上海近现代重要史迹和交通道路设施的典型代表，是浦东新区文物保护点。

邵村村域空间肌理鸟瞰(2023年8月张强摄)

邵村果林照片(邵村村民委员会)

大团莲贤桥(2023年8月田景华摄)

书院镇洋溢村（2023 年 8 月杨岫摄）

05

临港片区

泥	城			镇
书	院			镇
万	祥			镇
南	汇	新	城	镇

临港片区位于浦东东南部，主要包括泥城、万祥、书院、南汇新城镇等镇。面积约289平方公里，2022年常住人口约45.19万人。

该片区成陆时间较晚。清朝时期，随着泥沙淤积，海岸线外拓，盐灶也随之不断越过海塘向东迁移。之前引潮的沟槽需不断挖深、延长，才能引潮进田煮海。随着盐业逐渐衰落，居民筑堤围垦，逐渐以农业生产为主。由于成陆时间晚，且远离惠南、川沙等经济与文化中心，临港片区整体发展相对滞后，保留的历史风貌要素也较少。

2002年，为了支持上海国际航运中心建设和产业发展，上海市委、市政府基于全局视野、经过精心谋划，作出开发建设临港地区的重大战略决策，临港片区的发展从此驶入快车道。2019年，中国（上海）自由贸易试验区临港新片区成立，致力于打造更具国际市场影响力和竞争力的特殊经济功能区，主动服务和融入国家重大战略，服务于对外开放总体战略布局。临港新片区范围的泥城、万祥、书院和南汇新城镇四镇，迎来更大的发展机遇。

相较浦东中部地区横港纵塘的水系格局，临港片区的水系格局中南北向为骨干河、东西向为支河。纵向骨干河流主要有渤马河、五尺沟、白龙港、人民塘随塘河，自西向东依次排列，如树木年轮一样一圈圈向外扩张；而横向支河如齿梳状由南到北平行密布排列。这样的水系网络，将地域切割成东西向的条块，形成东西向沿河两岸分布的带状聚落。南汇新城镇自2002年后开始重点开发，城市形态多是人工填海造陆后规划设计而成，整体水系围绕滴水湖如一圈圈涟漪向外扩散。

从海岸线拓展到煮海熬波，再至农业生产，临港片区历史时期的生产生活与海息息相关，形成较为浓厚的海文化。例如，书院镇的石皮泖、洋溢港、小洼港等河流，反映出当时

临港片区范围图

大海造田的气势和地理变迁；用海水煮盐的外灶、里灶、四灶、卖盐路等地名呈现出当年海边人勤奋繁忙的劳动场景。市级非遗项目芦苇编织技艺、区级非遗项目渔具制作和捕捞技艺，是临港片区先民在适应沿海滩涂环境下的生产生活方式形成的。

临港片区有多处红色文化资源，如红色泥城主题馆、书院李雪舟故居、书院烈士纪念碑、南汇县保卫团第二中队队部遗址等。其中，"红色泥城主题馆"是临港地区唯一一座大型红色主题陈列馆，也是最鲜活的泥城红色基因宝库，真实展现了第一次与第二次国内革命战争、抗日战争、解放战争、抗美援朝等各个时期浦东儿女抛头颅洒热血的英勇事迹，以及建设发展时期浦东人民在红色精神指引下勇立潮头，励精图治的辉煌业绩。

5.1 泥城镇

泥城由长江水和钱塘江水夹带的泥沙长期冲积而成，开垦时间距今170年，开垦时为防海潮侵袭，筑有四方如城的泥圩，因集镇而得名。

泥城镇位于浦东新区南部，北邻大团镇和万祥镇，东邻书院镇，南接南汇新城镇，西与闵行区相邻，总面积59.27平方公里。2022年常住人口约13.22万人。截至2023年底，下辖11个村民委员会、19个居民委员会。

在独立建置前，泥城先后隶属南汇县下沙盐场团地下辖的一团下三甲和南汇县大团乡。1929年，泥城独立建乡，名"中心乡"，属大团区。1950年8月，南汇县设立泥城区，在泥城集镇设立泥城区人民政府，全区辖11个乡。1958年9月，泥城人民公社成立。1984年，撤销泥城人民公社建置，建立泥城乡。1994年6月，撤乡建镇，成立泥城镇。

1995年7月，撤销彭镇乡建置，建立彭镇镇。2002年7月，撤销泥城镇、彭镇镇建置，建立新的泥城镇。

泥城镇被誉为全国棉花之乡、中国青扁豆之乡，是上海浦东的红色之源，汇角战斗打响了浦东抗日第一枪，泥城农民武装暴动被载入中国共产党党史。空间肌理和村庄风貌保存较好的村庄主要有公平村和横港村等。

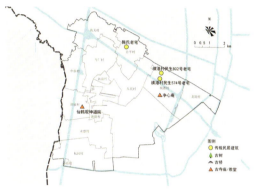

泥城镇风貌要素汇总图

泥城镇空间格局鸟瞰(2023年9月杨崛摄)

5.1.1 公平村

公平村位于泥城镇西北，东靠人民村，南邻人民村，西邻马厂村，北靠万祥镇。面积401公顷，下辖自然村1个、村民小组25个。村域常住人口2775人，男性1360人，女性1415人；户籍人口2293人，外来人口482人。60岁以上人口1451人，常住人口老龄化率为52.3%。2022年村内主导产业为农业。清美蔬菜基地、淼洋家庭农场等发展带动，联合村域内其他合作社和家庭农场，以水稻加经济作物的生产模式，打造农业品牌和产业销售链。村集体可支配收入约17.7万元，村民人均年收入约1.5万元。现有专业合作社10家，实现农业规模化经营土地3032亩（202.13公顷），耕地经营权流转率92.47%。

村农业旅游年客流量350人次，游客主要参加"红色旅游"，旅游项目有陈氏庭院、百年老屋、自治老宅。红色会客厅作为红色主题馆的分基地，以公平村革命史迹展陈为主，运用现代展陈方式，集中展示公平村党员群众参加武装起义、建立地下党组织、开展游击战争、踊跃抗美援朝、积极发展生产等历史。

公平村空间肌理

村域内共有河流121条，村宅空间格局上呈线形布局模式。村宅南沿水系沿道路呈线形分布，外围依托水田林肌理，整体呈现林、水、路、宅相间。"多元化"的水乡肌理，整

村域田水路林村空间照片和新团芦港两岸鸟瞰（公平村村民委员会）

村域田水路林村空间照片和新团芦港两岸鸟瞰（公平村村民委员会）

公平村水、路、宅空间现状（2023年9月田景华摄）

体呈现"河网纵横，林水隐映"的水林互抱空间。乡村聚落组团沿村主要道路呈鱼骨树枝状，建筑肌理呈行列式"一"字形布置。

建筑风貌民居建筑除现存一栋绞圈房传统民居，大量 20 世纪七八十年代民居，部分经后期翻建，以及 20 世纪 90 年代后期陆续建造的欧陆风格民居。20 世纪七八十年代民居建筑的平面布局以"一"字形排布为主，结构体系以两层砖混为主，部分建筑沿用原有脊饰、屋瓦。材质为砖石混凝土。立面主要为水磨石、彩色马赛克贴面、真石漆面，并以带颜色的碎玻璃镶嵌几何形、建筑修建年份等图案作为装饰。屋面为青色素瓦或红色琉璃瓦。20 世纪 90 年代后期建的民居屋面以红瓦为主，建有拱形竖向落地长窗，外墙贴石材、大理石、外墙面砖等材料。

村内现存的陈氏老宅为百年老屋，建于清光绪年间（1875—1908），有 120 多年历史，建筑面积约 90 平方米，为穿斗式结构，歇山顶覆小青瓦，外立面以竹篾护壁。陈氏家族世代居住于此，目前居住的陈永彬夫妇是第五代传人。老屋于 1949 年翻修，保留了原有的横梁结构。老屋一侧有一座老灶头，体现当地的民俗风貌。

公平村20世纪80年代民居（2023年9月田景华摄）

公平村欧陆风格民居（2023年9月田景华摄）

公平村陈氏老宅（2023年9月田景华摄）

5.1.2 横港村

横港村位于泥城镇中部偏东，东以五尺沟为界，与龙港村接壤，南以小㳍（lè）脚港为界，与泥城村、千祥村为邻，西以黄沙港为界，与人民村毗邻，北以蒋港河为界，与书院镇相邻。因全村处于横港河两侧而冠以村名。村域面积520公顷，总人口3979人，户数1784户。

横港村地处浦东新区东南角，成陆较晚，是早期的盐港灶田区域。此后经过水利整修和现代化建设冲击，形成灌区条田的整体肌理和宅水相依、节点散落的村落分布特征。

聚落整体呈带状分布，建筑群体坐北朝南，沿河分布、沿路而建，东西横向呈"一"字形排列在道路和河道两侧。

横港村由于地处上海郊区沿海新兴文化圈，村宅建设历经整修，基本形成釉面小尖顶的风貌特征。20世纪七八十年代建造的建筑大多经后期翻新，以两层为主，部分建筑沿用原有脊饰、屋瓦，表现出与传统建筑元素的关联。

横港村八组有一处寺庙，名"静心庵"，是浦东新区文物保护点（第一批次）。由宁波净船师太建于清光绪六年（1880），始建时只有草房三间。光绪十年（1884）扩建至56间。1949年后作为解放军棉花收购站使用。1992年重建于此，占地面积为2015.4平方米，建

横港村空间肌理

宅基地
水域
农用地
林地
其他用地

筑面积为487.08平方米，山门及大殿宽敞，富丽堂皇。大殿面阔五间，坐北朝南，砖木结构，两侧各有两间次房。天井两侧各有厢房三间。大殿前山门面阔三间，山门前专建了石拱桥。另有杂用房四间。该庵是当地重要的宗教活动场所。

静心庵（2023年9月刘欢摄）

横港村有着光荣的革命传统，共产党领导下的南汇县第一支抗日武装就设在横港。目前村内有泥城暴动党支部活动遗址、南汇县保卫团第二中队遗址两处红色文化遗址。

横港村庄金生的芦苇编织手艺于2015年入选浦东非物质文化遗产名录。90多岁的老人庄金生从小跟着爷爷、爸爸学习芦苇编织手艺，能用蒲草、芦花、芦秆、芦根、芦苇叶等编织各种摆件、挂件、帽子等，并在横港村新时代文明实践站建立非遗芦苇手工编织屋，传承时代技艺文化。

泥城暴动党支部活动遗址

南汇县保卫团第二中队遗址

横港村红色文化遗址（2023年9月刘欢摄）

庄金生老人和他的芦苇编织作品（唐玮《芦苇生万物，一位八旬非遗人的编织匠心》，《新闻晨报》2020年6月27日）

5.2 书院镇

书院镇因曾有书院厂而得名。清嘉庆十五年（1810）书院地区属一团南下六甲，集镇名为"石皮泖"。清末，清政府为了储存书院地区的租税粮，建造了五开间两厢房的仓库，当地人称"收租厂"。因为这些租税粮专用于南汇县的教育经费，故又叫"书院厂"，简称"书院"。书院闻名四邻，后以此取名。

书院地处浦东新区东南部，东邻南汇新城，南接泥城镇，西至万祥镇，北与老港镇隔大治河相望，总面积54.20平方公里。2022年常住人口约8.77万人。截至2023年底，

下辖13个村民委员会、9个居民委员会。

清雍正十一年（1733），书院地区始成陆。光绪十年（1884），知县领筑王公塘（又名"彭公塘"）时，王公塘以西书院地区成陆。光绪三十二年（1906）李公塘修筑时，书院地区全部成陆。宣统元年（1909），书院地区分属三墩乡、大团乡、二团乡管辖。1934年，从三墩乡、大团乡、二团乡划出一部分，建书院、惠东、余姚、邬店、普济五乡，分别隶属于南汇县第一区和南汇县第八区管建。1947年，书院乡、东乡、二团乡直属南汇县管辖，

书院镇空间格局鸟瞰（2023年9月杨崛摄）

直至 1949 年 6 月。1951—1956 年，书院地区分属泥城区和老港区管辖。1957 年 9 月，原书院乡、北窑乡合并为书院乡，原邬店乡、新港乡合并为新港乡。1958 年 9 月，书院人民公社成立。1959 年 6 月，新港人民公社成立。1984 年 4 月，撤销人民公社建置，建立书院乡、新港乡。1995 年 7 月，撤销书院乡、新港乡建置，建立书院镇、新港镇。2003 年 4 月，撤销书院镇、新港镇建置，建立新的书院镇。

书院镇地形整体呈南北狭长形，南北向的五尺沟、白龙港等贯穿镇域，东西向支流平行密布，聚落沿东西向支流呈带状分布，空间肌理和村庄风貌保存较好的村庄主要有李雪村、棉场村和余姚村等。

书院是全国"一村一品"（西瓜）示范镇，在西瓜特色产业带动下，已形成了塘北西甜瓜、洋溢葡萄、李雪奇异莓、余姚马兰头、四灶羊角蜜、黄华桑葚、外灶花卉等"一村一品"特色产业布局。

上海鲜花港，位于东海农场社区，靠近两港大道，是上海世博会花卉园艺辐射区、都市现代农业示范实践区。园内每年 3—11 月举办三次主题花卉展示：春赏郁金香（3 月底至 5 月初）、夏赏荷（5 月中旬至 9 月底）、秋赏菊（9 月至 11 月中旬）。

"书院人家"坐落在书院现代农业先行区内，两港大道东侧，2007 年被评为全国农业旅游示范点。其建筑为明清风格，飞檐翘角、青砖黛瓦。田园内，河道纵横交错，小桥流水、曲径通幽。桃园、梨园、菜园无时不在展示着秀美的田园景色。

图例
- 传统民居建筑
- 古树
- 古桥
- 古寺庙/教堂

书院镇风貌要素汇总图

5.2.1 李雪村

李雪村位于书院镇西南，东靠塘北村，南邻龙港村，西邻新振村，北靠新北村。村域面积434公顷，自然村1个，村民小组24个。村域常住人口5310人，男性3413人，女性1897人；户籍人口4320人，外来人口1425人，主要来自安徽省六安市。60岁以上人口1444人，常住人口老龄化率为27.2%。

2022年村内主导产业为农业，村集体可支配收入10万元；村民人均年收入2.5万元，其中非农收入占比80%。主要农产品有西甜瓜、桃子、水稻，特色农产品为西甜瓜。现有农民专业合作社4家，24个村民小组开展农业规模化经营，实现农业规模化经营土地2300亩（153.33公顷），耕地经营权流转率93%。

村域内共有大小河流141条，八横一百二十二纵十一交织，河道宽度约4～12米。

李雪村地形十分规整，被两条河道划分为三等分，建筑群沿河道一字排开，多为单栋单排民居。

村内现存老建筑多为单层白墙青瓦木构架，采用穿斗式木构架结构。保存较完好的书院李雪舟故居，建于清末，现存4间房，占地约90平方米，坐北朝南，砖木结构，一正一厢，具有江南传统民居特色。李雪舟（1913—

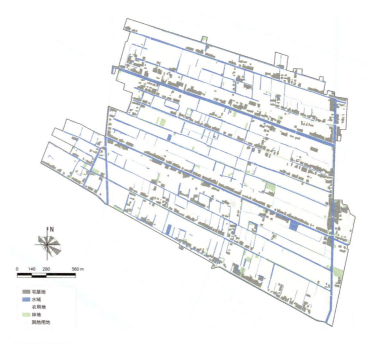

李雪村空间肌理

1947），书院镇人，医生，其住宅是中共地下党与武装部队的联络站和医疗站。1947年4月6日被国民党逮捕，7日傍晚英勇就义。李雪村是以李雪舟烈士的名字命名的。

村域内大部分建筑建于20世纪八九十年代，建筑墙面材质主要采用马赛克、水刷石，有些带有图形及文字装饰。

李雪村白墙红瓦的现代民居（2023年9月陈润摄）

李雪村村域空间景观（2023年9月陈润摄）

李雪村村落空间景观（2023年9月陈润摄）

李雪舟故居（2023年9月陈润摄）

李雪村20世纪90年代建筑（2023年9月陈润摄）

5.2.2 棉场村

棉场村位于书院镇西北，东靠四灶村、黄华村，南临三三公路，西邻万祥镇，北靠桃园村、余姚村。村域面积 475 公顷。村民小组 22 个。村域常住人口 4811 人，男性 2336 人，女性 2475 人；户籍人口 4196 人，外来人口 615 人，主要来自安徽省淮南市、山东省烟台市。60 岁以上人口 1264 人，常住人口老龄化率为 26.3%。2022 年村集体可支配收入 86 万元；村民人均年收入 5 万元，其中非农收入占比 90%。主要农产品有葡萄、枸杞藤等。耕地经营权流转率 85%。

村宅空间格局上主要依托水田林肌理，建筑整体呈东西向线形排布。村域内共有大小河流 143 条，河道宽度约 2～8 米，流域面积约 300～3000 平方米，河网间距约 3～100 米。村域有区级河道 2 条，五尺沟、黄沙港。1975 年，在五尺沟上建有棉场水闸，因通航船只频繁，1985 年改建为套闸，下闸增建直升式平面钢闸门启闭。

1995 年 9 月，新港乡建置撤销，建立新港镇，原丰产村、路北村隶属于新港镇。棉场村于 2002 年 10 月由原路北村、丰产村合并

棉场村鸟瞰（2023年8月杨崛摄）

组成。因域内有一个远近闻名的农场——上海市棉花原种场（简称市棉场），故并村时以棉场两字取名。2010 年，棉场村有 23 个村民小组，其中九、十、十一村民小组部分动迁，棉场村北片（原丰产村）全部转为小城镇户口，涉及 11 个村民小组。其中十组全部拆迁，九组、十一组已拆迁半数人家，九组、十组已撤销组建置。

村内有新港耶稣堂，坐落于棉场村十二组，建于 1996 年 6 月，1997 年 8 月竣工，建筑面积 1300 平方米。其他民居建筑多建造于 20 世纪末，后有翻新，多数为坡屋顶，覆红色琉璃瓦，墙面贴砖。

村内的非遗传承人朱福根，家住棉场村五组丰产 620 号，擅长手工编织，作品以竹篮、竹篾、竹筐为主。竹编是以竹为原材料，以交叉成形方式制作器物的一种手工技艺，体现了古法技术。

棉场村农田景观（2023年8月郑茹瑛摄）

上海市棉场（2023年8月郑茹瑛摄）

棉场村非遗传承人朱福根（新港乡村民委员会）

棉场村新港耶稣堂（2023年8月郑茹瑛摄）

5.2.3 余姚村

余姚村地处书院镇西北角，与万祥镇、惠南镇、老港镇等多镇交界，村域面积 630 公顷，是临港新片区北大门的重要部分。余姚村现有 32 个村民小组，村域常住人口 1895 人，户籍人口 4582 人，外来人口 720 人。60 岁以上人口 1622 人，老龄化率为 35%。

2022 年村内主导产业为水稻、瓜果、蔬菜，主要农产品有马兰头、韭菜、西甜瓜、水稻等；其中，特色农产品为马兰头。

余姚村现有农民专业合作社 3 家，即上海越亚农产品种植专业合作社、上海庭娆果蔬专业合作社以及上海黔飞果蔬专业合作社。整个村域内 32 个村民小组开展农业规模化经营，实现农业规模化经营土地 2622 亩（174.8 公顷），耕地经营权流转率 96%。余姚村地形规整，主要建筑沿河道与道路线形分布，多为独栋单排民居，呈东西向平行布置。

村域内现有一座庙宇——福海庙，又名"余姚庙"，地址为余姚村六组。相传，这一带尚

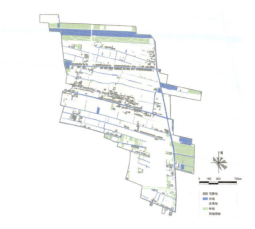

余姚村空间肌理

是成陆未久的芦苇滩时，有姓厉、叶、毛、方的四位农民带着妻儿老小从浙江余姚来这里定居下来。当时，要把一片荒滩改造成为一片熟地的困难很大，人们除了勤劳外还想祈求神的保佑。一次偶然的机会，一名厉姓农民在海滩上拾到一尊海水冲来的木雕神像，认为是神下

余姚村鸟瞰（2023年8月杨崛摄）

福海庙（2023年9月陈润摄）

2~3层现代建筑（2023年9月陈润摄）

凡，于是将神像小心翼翼地带回家，搭起一座小草棚，由四户人家共同供奉。

自神像供奉起来以后，年年风调雨顺，连年丰收，生活也开始好起来。为了感谢神的保佑，1851年，他们合资为这座神像建造一所拥有一正两厢较为正规的庙宇。当年夏秋之交，庙宇建成，这尊神像供入正殿；在一间厢房中供龙王和土地神，另一间厢房则供牛王神和羊老爷，以祈风调雨顺、六畜兴旺。祭祀的日子定在除夕、元宵和中秋三天，这三天还被定名为"神爷出会日"。

清光绪三十年（1904）由沈笑胜等人捐款翻建的福海庙，一间两厢瓦房（正房三间、厢房五间），两端建有六角亭。余姚的名字也在多次历史变革中保留下来。

庙宇建成后香火颇盛，特别是"出会日"这三天，由于附近没有庙，这里就显得更热闹了，已逐渐地成为当地的一个景点。1936年夏天，该庙经过较大规模的整修后更为壮观。

村内建筑主要为现代新建民居，多为2~3层独立住宅。屋顶多为深红色，墙面为浅色面砖，民居阳台栏杆、窗框、墙面都有丰富的装饰。20世纪八九十年代建筑墙面材质主要为水刷石，带有图形装饰。

余姚村现有一项非物质文化遗产——凿纸工艺。书院地区的凿纸工艺历史悠久、精美绝伦，若以凿纸制品"六角灯"的出现时间来推算，凿纸工艺在书院镇的历史时间应为明代（1368—1644）。书院镇余姚村的凿纸艺人叶引军是原南汇地区凿纸工艺中的佼佼者，17岁开始师从姑父瞿根祥学艺。2017年，书院凿纸技艺入选第六批浦东新区非物质文化遗产名录，当时已经50多岁的叶引军成为该项非遗的传承人。

5.3 万祥镇

万祥镇因一家"万祥裕"大南货店得名。万祥镇地处上海浦东新区东南部,东与书院镇为邻,南连泥城镇,西依大团镇,北接惠南镇,总面积 23.14 平方公里。2022 年常住人口约 3.92 万人。截至 2023 年底,下辖 7 个村民委员会、6 个居民委员会。

万祥地区成陆于清代中叶,始为盐场。进入 1910 年代,隶属江苏省南汇县第一区管辖,直至抗日战争爆发。1937 年后,南汇县改为南汇特别区,下设 8 个分区,万祥地区属第八分区管辖。1945 年抗日战争胜利,南汇县恢复抗日战争前的 8 区建置,万祥地区

图例
○ 传统民居建筑
▲ 古树
⌒ 古桥
△ 古寺庙/教堂

万祥镇风貌要素汇总图

万祥镇空间格局鸟瞰(2023年9月杨崛摄)

仍属第一分区管辖。1947年，南汇县实行撤区并乡，万祥地区属万安乡管辖。1949年5月，南汇县解放，万祥地区属第六乡镇联合办事处管辖。1954年8月，南汇县实行并乡，万祥地区分属大团区、泥城区、老港区管辖。1956年，随着农业合作化运动的发展，万祥地区成立12个高级农业生产合作社。1957年9月，撤区并乡，万祥地区归金陵乡、新港乡、书院乡管辖。1958年9月，万祥地区、书院地区合并为书院人民公社，万祥地区属书院人民公社管辖。1959年6月至1962年，万祥地区从书院人民公社析出，独立建置，成立万祥人民公社，下辖15个生产大队。1984年4月，政社分设，建立万祥乡，下辖15个村。1995年7月，撤销万祥乡建置，建立万祥镇。

万祥地区历史上水系不通，阻碍了水路运输。1949年前，万祥地区水上交通全靠大小木船，横穿境内石皮泐港、洋溢港、马路港、三灶港、四灶港、黄家洼港、殷家港、牛路港等8条河道。1949年后，政府重视兴修水利，疏浚、拓宽老河道，开凿新河道，沟通万祥南北水系。万祥镇的市级非遗项目——万祥织带，融合历史传承、民族习俗和地域文化，正通过"活力＋跨界＋创新"模式，实现非遗传承。空间肌理和村庄风貌保存较好的村庄主要有万兴村等。

5.3.1 万兴村

万兴村位于万祥镇东南，东靠新振村，南邻泥城镇海关村，西邻万隆村，北靠新建村。村域面积320公顷，自然村2个，分别为万一村、万二村；村民小组18个。村域常住人口2428人，男性1315人，女性1113人；户籍人口3300人，外来人口345人。60岁以上人口1002人，常住人口老龄化率为41.3%。

2022年村内主导产业为种植业，村集体可支配收入5万元，村民人均年收入2万元。主要农产品有水稻、西甜瓜、蔬菜，特色农产品有西瓜、萝卜。

现有农民专业合作社4家，18个村民小组开展农业规模化经营，实现农业规模化经营土地1719亩（114.6公顷），耕地经营权流转率94%。村域内共有河流64条，河道宽度约10～20米，河网间距约240～800米，田块尺度约800米。

万兴村地形整体呈正方形，马万港以东和石皮泐港为大片农田和村宅，马万港以西和石皮泐港以北区域主要为已建小区。万兴村聚落整体布局较为分散，建筑群体沿河道与道路线形分布，横向河道比较密，建筑群体依水系自

万兴村建筑聚落风貌肌理（2023年8月张正秋摄）

然生长，村落、农田、水系相互辉映，多数农田分布在水系的两侧，形成水、田、屋的格局。

村内建筑主要为红色或深色屋顶，暖黄色饰面砖外墙或者浅灰色水刷石墙面，加以横向凹凸线条装饰。现代建筑多为暖黄色饰面砖墙面，20世纪八九十年代民居为浅灰色水刷石墙面，个别建筑局部带有欧式外窗与铁艺栏杆装饰。至2020年底，万兴村完成民医林、百草园、展示馆、民族馆、中医农药、中医墙绘、中医运营等七个项目，打造中医康养休闲文化。

万兴村空间肌理

万兴村空间格局鸟瞰（2023年9月杨崛摄）

万兴村20世纪八九十年代民居（2023年8月陈润、李晓玫摄）

万兴村民医民药传承展示馆（2023年8月陈润摄）

万兴村中草药种植区（2023年8月陈润摄）

5.4 南汇新城镇

南汇新城镇包含原申港街道、芦潮港镇和老港镇大治河以南（不含大河村和东河村）区域，于2012年合并组成。镇域东至东海，南至杭州湾，西至奉贤区和泥城镇、书院镇边界，北至大治河，总面积152.23平方公里。2022年常住人口约19.28万人。截至2023年底，下辖1个村民委员会、32个居民委员会。

芦潮港原名"路漕港"，1960年根据当地风貌，以谐音改为"芦潮港"，镇因港得名。其地处浦东新区东南角，东邻洋山保税港，南濒杭州湾外口，西靠临港产业区，北与泥城镇、

书院镇毗邻。镇域东南距离7.07公里，南北距离4.00公里。

全境于清光绪九年至三十一年（1883—1906）成陆。宣统三年（1911）设闾，隶大团乡。1934—1949年设保，先后隶南汇县第八区中心乡和泥城乡。1949年5月设5个小村，隶南汇县第六乡镇联合办事处泥城乡；1950—1956年，设汇茂乡，隶南汇县泥城大乡；1958年建立果园园艺场，属泥城人民公社；1966年单独建置大果园人民公社，隶南汇县。1984年撤社建果园乡，隶南汇县。

汇角村现状影像图

1993 年 3 月，果园乡和芦潮港集镇合并，建立芦潮港镇，辖 7 个村、2 个集镇居民委员会。2003 年开始，因洋山深水港建设，全镇逐步拆迁。

申港街道以申港大道为中心，向南北两侧发展得名，为东海海滩，经人工吹沙填海成陆。其地处上海市浦东新区东南角，东濒东海，南临杭州湾，西邻芦潮港镇，北邻书院镇。2002 年 4 月 28 日，上海深水港工程建设指挥部港城分指挥部、上海海港新城投资开发有限公司举行成立仪式。申港街道办事处成立于 2006 年 11 月 30 日，为南汇区人民政府派出机关。2009 年 4 月 24 日，南汇区并入浦东新区，申港街道办事处相应变更为浦东新区人民政府派出机关。

辖区内拥有天然的"地球之肾"——南汇东滩湿地。南汇东滩位于中国南北海岸线的中部，大陆最东南端伸入东海的区域。由于其特殊的地理位置，以及长江与钱塘江共同冲积带来的丰富食物来源，是候鸟南迁北往的重要驿站。2008 年，被国际鸟盟（Bird Life International）认定为国际重要鸟区。2007 年 9 月，南汇东滩被认定为野生动物禁猎区。

城市景观淡水湖——滴水湖，平面呈圆形，直径 2.66 公里，总面积 5.56 平方公里，平均水深 3.7 米，湖水最深 6.2 米，面积相当于杭州西湖。湖中还分布着三个不同定位的岛屿——北岛、西岛、南岛。北岛被称为"娱乐之岛"，位于滴水湖的北面，占地约 23.5 公顷，也是三岛中最大的一颗"珍珠"，将建设一个有海洋特色的游乐园，涵盖水世界、绿洲、游戏隧道、蓝鲸表演艺术中心等。占地约 6 公顷的西岛，定位为商务和旅游住宿，规划建设临港新城标志性的两幢高星级酒店。占地约 14 公顷的南岛，则为水上休闲娱乐岛，规划建设游艇俱乐部、游艇港湾等设施，未来将形成具

汇角村已建成厂区（2023年9月祝贺、杨进升摄）

有举办大型国际水上运动赛事能力和健身娱乐的水上运动休闲中心。

临港新城历史地标性景点——南汇嘴观海公园，占地 1.82 公顷，位于临港新城主城区东南面，也是上海陆域的最东南处。整个公园的标志性雕塑是由不锈钢管构成的双层网架结构、总用钢量约 120 吨的"司南"。作为世界上最早的指南针，"司南"寓意发现、交流和开放。

南汇新城镇目前仅辖一个行政村——汇角村，坐落于原芦潮港镇北侧，东至芦潮港河，南至江山路，西至南芦公路，北至团芦港，两港大道贯穿其中。

汇角村成立于 1982 年，原由 15 个生产队组成，芦潮港前期建设先后划出 5 个生产队，2003—2006 年征地动迁撤掉 6 个队，2015—2019 年底完成最后 4 个队的动拆迁工作。其中，十二、十五两队在 2015 年底土地减量化

及危险品仓库距离农民住宅房近而动迁（尚未撤制）。

全村区域面积 30 公顷，全村户籍人口为 872 人。村级河道有四条，即汇角八组河，汇角新村中心河，汇角十一、十五组河，汇角八、九组河，共计长 2.025 公里，总面积 29.64 亩（1.98 公顷）。

汇角村现已完成拆迁工作，现状为工业厂房聚集区。

汇角村具有红色基因，党领导的浦东抗日第一枪曾经在此打响。1938 年 12 月 16 日，周大根（南汇第一任县委书记）带领部分战士隐蔽在汇角海滩的芦苇丛里，与日寇展开浴血奋战，周大根等 28 位中华儿女，为抗日救国献出宝贵的生命，鲜血染红东海滩。故每年的 12 月 16 日是"汇角血战"28 勇士牺牲周年纪念日。

汇角村已建成厂区（2023年9月祝贺、杨进升摄）

川沙新镇鹿溪村（2023 年 9 月杨崛摄）

附 录

传 统 建 筑 统 计 表

古 树、古 桥、古 寺 庙
等 历 史 遗 存 统 计 表

参 考 文 献

后 记

附录 A
传统建筑统计表

建筑类别

民宅 ——————————————

公共建筑 ——————————

仓库 ——————————————

商业 ——————————————

社区服务 ——————————

学校 ——————————————

文保级别

代表

区级文保点 —————————— ★

区级文保单位 ——————————— ⍟

全国重点文保单位 —————— ⍟ ⍟

历史建筑 —————————————— 🏛

市优秀历史建筑 ———————— 🏛

建筑材质色彩

白墙黑瓦 ——————————

白墙青瓦 ——————————

白墙灰瓦 ——————————

白墙 ————————————————

砖墙青瓦 ——————————

砖墙黑瓦 ——————————

青砖墙 ——————————————

小青砖墙 ——————————

石材 ————————————————

高桥镇(3)

凌桥村

老宅　★ ▭ ⌂

年代不详
口字形
砖木、穿斗
观音兜和马头墙结合
瓦当、滴水

谢氏宅　★ ▭ ⌂

年代不详
口字形
砖木、木制梁架
变形观音兜
中式仪门、砖雕、灰塑

范氏宅　★ ▭ ⌂

年代不详
口字形
砖木、边帖穿斗式
变形观音兜
蝴蝶瓦、脊饰、瓦当、滴水,
中式仪门、砖雕

高东镇(1)

金光村

王剑三故居　★ ▭ 🏢

民国
一字形
砖木
硬山顶
瓦顶、滴水、镂空瓦、花窗

曹路镇(12)

东海村

小梁山66号　▭ ⌂

民国
L形
木
硬山顶
雕花矮闼门、瓦当、滴水
雕花木窗、花廊轩、雕花梁垫

黎明村

民宅　▭ ⌂

1949年前
L形
穿斗
歇山顶
灰塑屋脊、雌毛脊、瓦当、滴水

群乐村

张志良楼

1913年
院落围合式
穿斗、砖木
悬山坡屋顶、两侧马头墙
十字纹木窗

星火村

陆家宅

年代不详
口字形
砖木
悬山顶
瓦当、滴水

徐家宅

年代不详
口字形
砖木
歇山顶
雕花、矮闼门

迅建村

季家宅36号

年代不详
L形
穿斗
硬山顶
瓦当、滴水、青砖砌席纹地面、墙
门间木门雕花、矮闼门

黄家宅33号

年代不详
五开间单埭头
穿斗
硬山顶，左侧观音兜山墙、
右侧歇山顶
瓦当、滴水

黄家宅53号

清朝（据说200年左右）
三开间单埭头
穿斗
硬山顶、两侧观音兜山墙
瓦当、滴水、门楣雕花
梁垫雕花

黄家宅63号

年代不详
一正一厢、L形
穿斗
观音兜山墙
瓦当、滴水、垂脊泥塑装饰、
风窠、脊桁

永和村

陆家宅

清嘉庆年间（1796—1820）
L形
砖木、木制梁架
观音兜山墙
仪门有雕花和斗栱、枋上雕刻
精致花草纹样式

马家老宅

清晚期
一字形
砖木、木制梁架
观音兜和马头墙结合的变异
形式
滴水瓦当

直一村

张贤生家宅

1949年前
凹字形
砖木
硬山顶
前后天井、当中正厅、梁上添花

合庆镇（5）

华星村

**华星村连
氏民宅**

民国
一正两厢及配房
砖木
硬山顶、略西式的观音兜
仪门金山石抱框、木门木窗

华星村连宅

1919年
三合院
砖木
悬山
瓦当、滴水

华星村

连宏生民宅 ★ ▦ △

1924年
合院式、一正两厢
穿斗式结构
黄水泥屏风墙、略为西式的观音兜
西式石门、门扇、四面环廊

益民村

合庆敬老院 □ ⚙

清乾隆年间（1736—1795）
口字形绞圈房
穿斗式
观音兜和马头墙结合
仪门、木制窗户

跃进村

陶家宅1号 ★ □ △

清光绪年间（1875—1908）
四合院
砖木结构
硬山、观音兜
瓦当、滴水、雕花

唐镇（2）

小湾村

区公所 ★ ▦ □

1934年
凹字形
硬山顶
仪门、檐下挂落木雕、青砖席纹

一心村

培德商业学校旧址 □ 🏫

1920年
口字形
砖木
观音兜和马头墙结合
青砖地面、门框雕花

三林镇（2）

临江村

庞家宅151号过街楼 □ △

年代不详
一字形、两层
砖木、穿斗木构
硬山顶、观音兜
瓦片、脊刹

庞家宅31号筠园 □ △

民国
L形
砖结构
硬山顶、马头墙
仪门、脊饰砖雕纹理、饰脊兽
砖雕、云纹

张江镇（3）

环东村

环东村桥弄宋家宅 □ △

年代不详
L形
砖混、边帖穿斗式民居
硬山顶
矮闼门

环东村老宅 □ △

年代不详
一字形
砖混、边帖穿斗式
歇山顶

中心村

艾氏民宅 ★ □ △

清道光年间（1821—1850）
双绞圈
砖木结构
歇山顶
蠡壳窗、矮闼门

周浦镇（3）

北庄村

陆家宅 ▦ △

20世纪上半叶
凹字形
砖木结构
歇山顶
仪门、瓦当、滴水

棋杆村

顾氏老宅 ★ ▦ △

清道光年间（1821—1850）
口字形
砖木结构
歇山顶
仪门、瓦当、滴水、戗篱笆、
矮闼门、山雾云与官帽栱、漏
窗门、花砖、蝴蝶瓦

沈西村

赵家宅
20世纪上半叶
一字形
砖木结构
歇山顶
瓦当、滴水

八灶村老宅2
年代不详
一字形
砖木、穿斗式结构
歇山顶
瓦当、滴水

纯新村二队老宅
年代不详
一字形
砖木结构
硬山顶
瓦当、滴水、矮闼门

杨家宅唐家楼
1934年
两层绞圈房、工字形
多层砖石结构
硬山顶；中西结合的观音兜
仪门、石雕、披檐、瓦当、滴
水、花朵铜钱纹样花砖

川沙新镇（26）

八灶村

四组94号
年代不详
L形
穿斗式结构
歇山顶
瓦当、滴水、矮闼门、窗花

八灶村老宅1
年代不详
一字形
砖木、穿斗式结构
歇山顶
瓦当、滴水

纯新村

纯新村五队老宅
20世纪上半叶
口字形
砖木结构
歇山顶
瓦当、滴水、矮闼门、窗花

纯新村七队民居
年代不详
一字形
砖木结构、榫卯衔接、正帖抬
梁、边帖穿斗式歇山顶
瓦当、滴水、矮闼门、门窗券
楣、雌毛脊、青砖花纹

**纯新村二队已改造
老宅**
年代不详
L形
砖木结构
硬山顶、马头墙
瓦当、滴水、矮闼门

大洪村

吴家宅
1935年
绞圈房、三进院落
一层立帖式砖木结构
歇山顶；观音兜和马头墙结合
山墙
中式仪门、砖雕、披檐、瓦当、滴
水、雌毛脊、雕花、顺纹铺砖、落
地花窗

饶氏宅 ★
1923年
口字形绞圈房
一层立帖式砖木结构
硬山顶、马头墙
仪门(中西结合)、瓦当、滴水、
落地窗

康家宅 ★
1949年前
一正两厢房式带墙门间
一层立帖式砖木结构
硬山顶（转角处有歇山顶）；
观音兜
瓦当、滴水

杜尹村

檐门头

清晚期（1851年左右）
一字形
砖混结构
石雕

高桥村

高桥路295号向西70米

年代不详
一字形
穿斗式结构
悬山顶

虹桥村

虹桥村老宅

年代不详
一字形
砖木结构
硬山顶
瓦当、滴水

黄楼村

南宋家宅15号老宅

年代不详
L形
砖木结构
一侧歇山顶、一侧悬山顶
瓦当、滴水

界龙村

戴家宅

民国
口字形绞圈房
砖木结构
歇山顶
瓦当、滴水、屋脊瓦片排列出花纹图案、木门木窗、青砖地面

孙氏老宅

民国
L形绞圈房
穿斗式构架
悬山顶
雕花木门、雕花木梁

连民村

符氏老宅

1913年
一字形
砖木结构,榫卯衔接,穿斗式结构
硬山顶
仪门、瓦当、滴水、雕花木梁、花砖、漏窗

牌楼村

曹氏民宅

1930年代
口字形
砖木结构
硬山顶、观音兜和马头墙结合
徽砖青瓦、人字形铺装与石板砖、雕花、飞檐翘角

其成村

其成村老宅

年代不详
凹字形合院形态
砖木结构
悬山顶
瓦当、滴水、屋脊装饰、悬山山花

吴店村

郭家宅

年代不详
L形
砖木结构、木制梁架
歇山顶
瓦当、滴水

吴家宅

年代不详
一字形
砖木结构、木制梁架
歇山顶
瓦当、滴水

朱家宅

年代不详
一字形
砖木结构、木制梁架
歇山顶
瓦当、滴水

汤店村

九曲163号老宅

年代不详
一字形
砖木结构
歇山顶
瓦当、滴水

新浜村

川沙傅家宅 ★ ▭ 🏠

民国
一正两厢一庭心、凹字形
砖木结构、穿斗式
歇山顶
矮闼门、山花灰雕、雕花

长丰村

吴氏家祠 ★ ▭ 🏠

1949年前
口字形绞圈房
边帖穿斗式
硬山顶、观音兜山墙
带浮雕墙面镶嵌石砖、带图案
圆形铺装

祝桥镇（15）

道新村

南金家宅54号 ▭ 🏠

1949年前
一字形
砖木结构
歇山顶
木制梁架、门轴

邓二村

邓二村老宅1 ▭ 🏠

民国
一字形
砖木结构
硬山顶
瓦当、滴水

邓二村老宅2 ▭ 🏠

民国
一字形
砖木结构
硬山顶
瓦当、滴水

邓三村

张闻天故居 ★ ★ ▭ 🏠

清光绪年间（1875—1908）
一正两厢凹字形
砖木结构
歇山顶
仪门、瓦当、滴水、戗篱笆、矮闼门、
方格支摘窗、石雕、砖铺图案

东立新村

张氏祖宅 ▭ 🏠

1949年前
L形
砖木结构，木制梁架
歇山顶
瓦当、滴水

森林村

森林路12号附近 ▭ 🏠

1949年前
一字形
砖木结构
硬山顶
矮闼门、瓦当、滴水

新生村

新生村老宅1 ▭ 🏠

年代不详
一字形
梁木结构
歇山顶
瓦当、滴水

新生村老宅2 ▭ 🏠

年代不详
一字形
梁木结构
歇山顶
瓦当、滴水、矮闼门、忽闪窗

星火村

红色庭院 ▦ ▭ 🏢

1949年前
一字形
砖木结构
歇山顶
脊兽

新营村

张刘家宅23号老宅 🖼 ⛰

1949年前
口字形
立帖木构
歇山顶
瓦当、滴水、矮闼门、青砖席
纹铺地、直棂窗

万家宅17号老宅 🖼 ⛰

1949年前
凹字形
立帖木构
硬山顶
矮闼门

万家宅125号老宅 🖼 ⛰

1949年前
L形
立帖木构
硬山顶、悬山顶、歇山顶
椽子

营前村

营前村老宅 ⬜ ⛰

1949年前
一字形
砖木结构
歇山顶
矮闼门

中圩村

中圩村老宅1 ⬜ ⛰

1949年前
一字形
砖木结构
硬山顶
瓦当、滴水

中圩村老宅2 ⬜ ⛰

1949年前
L形
砖木结构
硬山顶
瓦当、滴水、雕花

航头镇(6)

沈庄村

航头启秀堂 ★ ⬜ ⛰

1917年
两进一庭心、两层
砖木结构
悬山顶
瓦当、滴水、门窗雕花

王楼村

傅雷故居 ★ ⬜ ⛰

清晚期
绞圈房
木立帖穿斗式
单檐歇山顶、观音兜
仪门、青砖铺地、支摘窗、青
瓦砌筑漏窗

航头王氏宅 ★ ⬜ ⛰

清晚期
三进院落，破损严重
穿斗式木构架
硬山顶

航头储家楼 ★ ⬜ ⛰

清晚期
两层、凹字形
木立帖结构
以双坡悬山、硬山为主，马头墙
石库门式大门，砖雕门额"礼门义
路"、梁枋雕镂、廊轩雕镂

储家宅309号 ⬜ ⛰

清晚期
F形（破损严重）
穿斗式、砖木
悬山顶

王楼村绞圈房 ⬜ ⛰

年代不详
凹字形
砖木
悬山顶
瓦当、滴水

新场镇（9）

仁义村

金沈家宅
清晚期
凹字形
穿斗式
歇山顶
瓦当、滴水、砖砌席纹地面、矮闼门

坦西村

**下盐路康桥公路
西南侧老宅**
年代不详
口字形
砖木结构、正帖抬梁、边帖穿斗式
歇山顶
地面拼砖、瓦当、滴水

新卫村

新卫村老宅
20世纪四五十年代
一字形
砖木结构
歇山顶
瓦当、滴水、矮闼门、戗篱笆

祝桥村

周氏老宅
清晚期
一字形
立帖穿斗式
歇山顶
羊角穿、雕花落地长窗

黄氏老宅
清晚期
口字形
立帖式穿斗结构
歇山顶
矮闼门、戗篱笆、砖砌席纹

宋氏老宅
清晚期
凹字形
立帖式穿斗结构
歇山顶
羊角穿、雕花窗

沈氏老宅
1949年前
一字形
立帖穿斗式
歇山顶
雕花窗

众安村

众安村617号
年代不详
凹字形绞圈房
砖木结构
硬山顶
瓦当、滴水、中西融合仪门、
观音兜、砖砌席纹

众安村民宅
年代不详
L形
砖木结构
硬山顶
中西融合的门、密排梁、瓦当、滴水

宣桥镇（3）

宣桥村

宣桥村李桥389号
年代不详
一字形
砖木结构
硬山顶
瓦当、滴水

腰路村

腰路村760号
1949年前
一字形
砖木结构
歇山顶
瓦当、滴水、矮闼门

腰路村老祖屋
年代不详
一字形
砖木结构
歇山顶
瓦当、滴水、戗篱笆、雕花落
地长窗

惠南镇(8)

六灶湾村

惠南顾家宅 ★ ▭ 🏠

清宣统二年 (1910)
东中西三组南北走向,轴线布局,
现仅存中间一组轴线建筑
砖木结构、穿梁式结构
硬山顶、小观音兜
瓦当、滴水

鹤龄堂 ▭ 🏠

清同治年间（1862—1874）
两层一字形三开间
砖木结构
硬山顶
精致雕花、垂花吊柱、
木制雕花楼板

濮家仓库 ▭ 🏠

1949年前
凹字形
穿斗式
小观音兜
仪门、瓦当、滴水

海沈村

记忆海沈老房子 ▭ ⚙

年代不详
凹字形绞圈房
立帖结构
硬山顶
瓦当、滴水、雕花、蝴蝶瓦、
脊饰、屋面发戗、木格栅门

陆楼村

吴家老宅 ▭ 🏠

民国
一字形
砖木结构，木制梁架
歇山顶
戗篱笆、滴水、瓦当

桥北村

桥北村桥西322号 ▭ 🏢

1949年前
一字形
砖混结构
硬山顶
瓦当、滴水

四墩村

唐家宅 ▭ 🏠

年代不详
一字形
砖木结构，木制梁架
硬山顶、变异观音兜
瓦当、滴水

永乐村

惠南姚氏宅 ★ ▭ 🏠

民国
双层、U形
砖木结构
硬山顶、西式荷叶山墙
仪门、木楼板、瓦当、滴水

老港镇(1)

成日村

成日村老屋会客厅 ▭ ⚙

1949年前
一字形
砖木结构、穿斗式
硬山顶
瓦当、滴水

大团镇(2)

扶栏村

老宅 ▭ 🏠

年代不详
一字形
砖木结构，木制梁架
悬山顶
瓦顶、滴水

李家宅 ▭ 🏠

1949年前
一字形
砖木结构，木制梁架
歇山顶
瓦顶、滴水、戗篱笆、矮闼门

泥城镇(1)

公平村

陈氏老宅 ▭ 🏠

清晚期
一字形
砖木结构
歇山顶
戗篱笆、瓦当、滴水、矮闼门

附录 B
古树、古桥、古寺庙等历史遗存统计表

类别

古树	🌳
古桥	🏛
古寺、古庵、庙宇	🛕
祠堂	🏯
古街	🏚
古井	🪣

保护级别

一级保护	●
二级保护	●●
三级保护	●●●
区级文保点	★
区级文物保护单位	⭐

高桥镇（8）

凌桥村

瓜子黄杨 ●● 🌳
赵家浜西68号
树龄100年

榉树 ●● 🌳
顾家桥71号
树龄100年

新农村

古井 🪣
村域东部
高浦港以南、江东路以东

碉堡

碉堡
三岔港村陆家宅18号对面
1949年前

碉堡
唐家宅路路口
1949年前

三岔港村

黄杨 🌳
丁家浜24号院内
树龄100年

镇北村

钟家祠堂 ★ 🏯
钟家弄74号
20世纪30年代

高桥烈士墓 ★

欧高路钟家弄78号
1945年

高东镇（1）

沙港村

沙港村道观

黄洞港北岸
1950年代

曹路镇（8）

安基村

"安基桥"旧桥体

拆除后整体移至村委

顾东村

潮音庵

村域南部一队（李家盘）顾曹路东
明景泰七年（1456）

光明村

香樟 ● ● ●

东靖路以南，杨家沟路以北
树龄80年

古井

顾家宅59—62号顾家宅内

启明村

龙王庙

村域东南部，钦公塘西侧（现为
东川公路）
明崇祯四年（1631）始建，2018
年翻修

赵桥村

**陈氏、吴氏、冯氏
"三节妇牌坊"**

赵家沟南岸、高家天主堂东
清乾隆八年（1743）

直一村

石碑

直一村北街17号

石碑

直一村北街61号
民国二十六年（1937）

合庆镇（15）

蔡路村

杨阳庙

东川公路以西、跃东路以南
清光绪三十一年（1905）

春雷村

华德桥

戴何家宅252号东侧
民国二十三年（1934）

达民老堂旧址 ★

朱家宅71号

大星村

赵氏家祠

大星村周家宅36号

500年银杏 ●

大星村二队
树龄500年

共一村

种福庵

第二村民小组
明天启年间（1621—1627）

前哨村

海潮寺

马家宅168号
明洪武年间（1368—1398）

勤奋村

瓜子黄杨 ● ●

四队黄新奎宅后
树龄100年

勤益村

文济桥

六组顾家宅
1933年

公济桥

四组褚家宅
1931年

永安桥

三组何家宅南
1931年

邱家桥

1916年

庆丰村

庆云寺

东川公路、龙东大道口
明万历年间(1573—1620)，1997
年重建

营房村

水泥桥

村域西端
民国

跃丰村

四幅桥 ★

跃丰村五队庄家宅
民初

唐镇(7)

虹三村

财神庙

虹三村四队虹桥古镇北首，锦
绣东路4515号
明万历十四年（1586）

银杏 ● ●

锦绣东路4515号财神庙内
树龄200年

银杏 ● ●

锦绣东路4515号财神庙内
树龄200年

洪德桥 ★

横跨在陈家沟上，位于财神
庙正南
清雍正年间（1723—1735）

小湾村

报恩桥 ★ ⌒

小湾村老街，区公所东侧

重庆桥 ★ ⌒

小湾村老街
清雍正十年（1732）

长寿庵

小湾村老街

三林镇(8)

东明村

三林镇赵氏节孝坊 ⭐

浦三路（近高青路）西侧的中
汾泾东岸
清乾隆十九年（1754）

临江村

古井 ⏢

筠溪老街

香橼 ●●● 🌳

村委会北部
树龄80年

黑松 🌳

筠园内部
树龄100年

三民村

三林庙 ★ �︎

联明路
明末清初

银杏 🌳

三林庙内
树龄200年

银杏 🌳

三林庙内
树龄200年

天花庵村

天花庵

村域北部

张江镇(7)

环东村

碧云净院 🔁

环东村三灶东庄家宅2号
始建于元朝

新丰村

银杏 🌳

薛家宅
500多年

古桥 ⌒

村域北部，外环高速以东

竹节观音堂 🔁

孙环路以东
明末清初

长元村

张家桥
农元路以西，瞿家港
1940年代

中心村

枣树 ● ●
村域北部，临近艾氏民宅
树龄100年

榉树 ● ●
村域北部，临近艾氏民宅
树龄100年

康桥镇（3）

沿北村

浦东老宅
沿北村十组，双沿路东侧，卖
盐浜与牌楼港之间的生态林带

承启桥
怡园村五组与瓦屑民治村交界
的七灶港上，现搬迁至浦东老
宅，重建在东宅河南端
清乾隆四十年（1775）

怡园村

天主教领报堂
周邓公路南侧靠近上海国际医
学中心
清同治十二年（1873）

北蔡镇（1）

卫行村

榉树 ● ● ●
张浜队曹家宅5号
树龄80年

周浦镇（1）

北庄村

连笔华桥
村域东南角，五灶港上
明朝

川沙新镇（22）

陈桥村

六灶善堂桥
陈桥老街
清光绪三十三年（1907）

陈行村

榉树 ● ● ●
陈行村六组52号西侧
树龄80年

陈行关帝庙 ★
川展路川沙路交叉口东50米北侧
清初

双拼水桥

储店村

天主教堂
村域西北部
清晚期

仙见庙 ★
浦东运河以东
清晚期

榉树2
航城路北侧
树龄170年

杜尹村

姚家庙
南奉公路和川六公路交叉口
清光绪年间（1875—1908）

汤店村

石板桥
大川公路与周祝公路交叉口
西南角
清道光年间（1821—1850）

纯新村

七灶天主堂 ★
七灶港南侧
清咸丰四年（1854）

榉树3
纯新村七队河道

榉树4
纯新村七队河道

连民村

榉树 ●●●
树龄80年

新浜村

七灶老街
七灶港北侧
清光绪年间（1875—1908）

节母桥 ★
村域北部

其成村

松鹤桥
新生村六组

长丰村

陆家庙
城丰路619号

榉树5
七灶港北侧纯新村四队

长春桥
其成村五组
始建于明代，清乾隆年间重建

榉树1 ●●
龄南路南六公路西侧
树龄100年

桂花树
城丰路885号
树龄100年

长桥村

万胜庵

潘家宅53号
北宋咸平五年（1002）

祝桥镇（23）

邓一村

孟将堂庙

南孙家宅与石家宅交界处
20世纪上半叶

东立新村

立新村观音堂

村域西部，邻近中横港路
清道光年间（1821—1850）

共和村

顾兰洲祠堂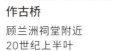

共和村五组
1934年

金解元墓

共和村四组乔家宅河东
清朝

济桓桥

村域西端、横跨东河塘港
1933年

六角亭

共和村五组（老护塘东侧）
明万历年间（1573—1620）

作古桥

顾兰洲祠堂附近
20世纪上半叶

立新村

古朴树

立新村八组

古榉树

立新村六组

古皂荚树

立新村四组

梯云桥

立新村八组

六顺桥

立新村二十一组

立新村

烈士纪念碑

立新村盐仓安息堂内
20世纪下半叶

森林村

榉树 ●●

森林村七组姚家宅
树龄100年

河清桥

村域东南端，邻运东大道地铁站
1926年

新如村

南汇县保卫团第四中队遗址

大路港南岸，悦目路以西
20世纪上半叶

姚家庙

姚家小庙路以北

清末

新生村

榆树

村域东南端

树龄100年

新营村

榉树

伽蓝寺

新营村1组

清嘉庆年间（1796—1820）

星火村

六墩天主堂 ★

星火村七组

清光绪六年（1880）

皂荚树 ● ●

星火村十三组

树龄100年

祝东村

包容寺

华星路465号

清雍正年间（1723—1735）

航头镇（5）

福善村

长春桥 ★

福善村二十组、邻近沪南公路

清嘉庆七年（1802）

航头飞桥天主堂

福善村飞桥346号

20世纪上半叶

航东村

德芳桥

航东八组

清光绪十四年（1888）

沈庄村

永济桥

沈庄北街

清康熙十一年（1672）

长达村

梓潼莲院

长达村汇达396号

唐代

新场镇（9）

蒋桥村

象佳桥

于蒋桥村十五组小二灶港。

清嘉庆十九年（1814）

金建村

十八里桥

金建村十六组境内，跨六灶港

清代

仁义村

九如桥
仁义村八组，横跨小二灶港（南龙游港）
清嘉庆二十二年（1817）

宝善桥
仁义村十四组，南北跨二灶港
清嘉庆十九年（1814）

王桥村

禄荫桥
跨麦浦港
民国二十四年（1935）

众安村

新场众安桥 ★
众安村八组
明嘉靖十一年（1532）修，清乾隆二十年（1755）重修

斗姥阁桥
众安村三组
清康熙三十八年（1699）

新场界河桥
地处奉贤、南汇交界
清道光年间（1821—1850）

元宝堰
众安村四组
清代

宣桥镇（13）

季桥村

榉树 ●●
季桥村十八组
树龄110年

三灶村

施家天主堂
三灶村五星支弄704号
1904年

枣树1
宣六港东侧
树龄80年

枣树2
宣六港东侧
树龄80年

项埭村

万安桥
项埭村十一组
清乾隆五年（1740）

宣桥村

古桥
不详

腰路村

宣桥兴隆桥 ★
腰路村丰乐八组、临近四灶港六奉公路
清乾隆三十四年（1769）

饮水思源古井
腰路村18组腰路村1066号

张家桥村

宣桥邵氏牌楼 ★
张家桥村胡桥八组
清雍正六年（1728）

宣桥裕丰桥 ★ 🌉

张家桥村利民十一组
清乾隆二十年（1755）

中心村

宣桥永庆新桥 ★ 🌉

中心村二十组
清乾隆十六年（1751）

宣桥广安桥 ★ 🌉

申杰路以东，跨一灶港
1940年重建

宣桥三德桥 ★ 🌉

中心村三德七组
1929年

惠南镇（8）

惠东村

惠东桥 🌉

村域北边界惠东路
1965年

六灶湾村

老街 🏚

浦东运河以东
清朝

陆楼村

榉树 🌳

三灶路港以北、川南奉公路以西
树龄100年

四墩村

惠南更楼 ★

1932年

陶桥村

雕刻石板

不详

三眼灶

不详

西门村

惠南永安桥 ★ 🌉

西门村一组，南临人民西路，东
临大川公路，近上海野生动物园
1921年

永乐村

榉树 ●● 🌳

永安十一组
树龄100年

老港镇（3）

成日村

榉树 ●● 🌳

树龄100年

老港杨定故居遗址 ★

成日村日新四组718号
清末

建港村

榔榆　● ● 🌳

建港村十九组
树龄110年

周埠村

香樟树　● ● 🌳

周埠村北侧
树龄100年

龙港村

碉堡

1925年

书院镇（1）

黄华村

天主堂

黄华村456号
1949年前

大团镇（3）

扶栏村

唐家庵　〰️

扶栏村下塘544号
明万历年间（1573—1620）

邵村村

大团莲贤桥　⌒

徐桥村二组
1930年

泥城镇（4）

横港村

泥城暴动党支
部活动遗址　★

1949年前

南汇县保卫团
第二中队遗址　★

横港村褚家宅
1949年前

净心庵　★ 〰️

横港村八组
清光绪六年（1880）

附录C
参考文献

[1] 上海市浦东新区志编纂委员会.上海市浦东新区区志[M]. 上海:上海人民出版社,2021.

[2] 中共浦东新区委员会党史办公室,上海市浦东新区地方志 办公室.浦东新区村史[M].上海:上海辞书出版社,2013.

[3] 上海市规划和自然资源局.上海乡村传统建筑元素[M].上 海:上海大学出版社,2019.

[4] 上海市规划和自然资源局.上海乡村空间历史图记[M].上 海:上海文化出版社,2019.

[5] 张修桂.上海浦东地区成陆过程辨析[J].地理学 报,1998,53(3):228-237.

[6] 张修桂.上海地区成陆过程辨析[J].复旦学报(社会科学 版),1991,3(1):79-85.

[7] 娄承浩, 朱亚夫.上海绞圈房揭秘:真正的本地老房子[M]. 上海:上海教育出版社,2020.

[8] 徐大纬,万全林.民居钩沉:上海绞圈房探赜[M].上海:上海 文化出版社,2020.

[9] 上海市浦东新区发展计划局,上海市浦东新区规划设计研 究院,上海市浦东新区文物保护管理署.上海浦东新区老 建筑[M].上海:同济大学出版社,2005.

[10] 褚半农.话说绞圈房子[M].上海:上海书店出版社,2017.

[11] 唐国良.浦东老地名[M].上海:上海社会科学院出版 社,2017.

[12] 上海市浦东新区地方志办公室.南汇老地名[M].上海:上 海辞书出版社,2011.

[13] 上海市地方志办公室,上海市浦东新区地方志办公室.上 海府县旧志丛书(川沙县卷)[M].上海:上海古籍出版 社,2011.

[14] 朱鸿伯主编;上海市川沙县县志编修委员会编.川沙县志 [M].上海:上海人民出版社,1990.

[15] 上海市浦东新区史志编纂委员会.川沙县续志[M].上海: 上海社会科学院出版社,2004.

[16] 上海市地方志办公室,上海市南汇区地方志办公室.上 海府县旧志丛书(南汇县卷)[M].上海:上海古籍出版 社,2009.

[17] 薛振东主编;上海市南汇县县志编纂委员会编.南汇县志 [M].上海:上海人民出版社,1992.

[18] 上海市南汇县续志编纂委员会.南汇县续志[M].上海:上 海社会科学院出版社,2005.

[19] 毛佳樑.上海传统民居[M].上海:上海人民美术出版 社,2005.

[20] 薛顺生,娄承浩.上海老建筑[M].上海:同济大学出版 社,2002.

[21] 谭其骧.上海市大陆部分的海陆变迁和开发过程[J].考 古,1973(1):2-10.

[22] 陈少能.上海市浦东新区地名志[M].上海:华东理工大学 出版社,1994.

[23] 唐坚等.浦东老风情[M].上海:上海文艺出版社,2005.

[24] 满志敏.上海地区城市、聚落和水网空间结构演变[M]. 上 海:上海辞书出版社,2013.

[25] 林拓.历史时期上海浦东地区经济开发与政区演变的相 关研究[J].经济地理, 2000(02):57-62.

[26] 马伯煌.上海浦东地区开发的历史、现状与展望[J].上海经 济研究,1990(5):37-41.

[27] 郑祖安."浦东"历史发展概说[J].社会科学,1983(9):70-72,65.

附录D
后记

"看一百年的中国到上海，看三十年的发展来浦东。"浦东这片在阡陌农田上建成的现代化城区，已成为中国改革开放的象征和向世界展示上海的窗口。穿过高楼大厦、人潮人海，走进浦东新区的广袤乡村，能切身感受到富含地域特征的风貌类型与聚落肌理、引人入胜的非物质文化遗产和独具特色的江南水乡意蕴，值得驻足流连，亟待整理挖掘。

本书基于2023年夏秋季开展的上海特色民居村落风貌保护调研普查成果汇编提炼而成。浦东新区范围内的普查工作及调研纪实的编撰写作，均由上海市浦东新区规划设计研究院、中国建筑上海设计研究院有限公司合作完成。

在调研和编写过程中，上海市规划和自然资源局乡村处、浦东新区规划和自然资源局给予大力指导，上海市城市规划设计研究院、上海市测绘院提供技术支持，浦东新区辖区内24个建制镇、355个行政村鼎力协助，以及专家学者、业界同行赐予宝贵建议，在此表示衷心感谢。

本书以调研纪实为写作目标，力求呈现浦东地区的乡村图景全貌，包括田水路林宅、风物历人文等。特别是具有典型地域特色、承载传统耕作方式的浦东绞圈房，古树古桥与生产生活浑然一体的村落风貌，毗邻机场、港口、世博园、迪士尼的古镇老街，均尽入视野，诉诸笔端。

整理过程中，本书还尝试在全市文化类型分区版图上，进一步识别出浦东地区作为沿海新兴文化圈的风貌分区，因其地理区位、地貌成因、发展阶段、空间要素、方言风俗等差异，细分为北部、近郊、中部及临港四个片区，将有助于分类施策、典型示范，探索"各美其美、美美与共"的城乡融合发展道路。

本书基于上述调研工作，针对乡村发展中较普遍的产权不清、主体不明、资金不足、统筹乏力等瓶颈问题，从项目生成、空间活化、引入社会资本、倡导多方协同等方面进一步提出政策建议。

因此，本书既是基于调研成果的资料汇编，也凝聚着规划设计工作者的专业思考，还期望能有益于乡村治理的理论与实践创新。限于能力水平，本书难免存在疏漏错误，期待得到各界专家学者、广大读者朋友的批评指正，共同助力打造"沪派江南"和美丽乡村的浦东样本。

图书在版编目（CIP）数据

上海乡村聚落风貌调查纪实. 浦东卷 / 上海市规划
和自然资源局编著. -- 上海：上海文化出版社, 2024.
9. -- (沪派江南营造系列丛书). -- ISBN 978-7-5535
-3038-3

Ⅰ. K925.15

中国国家版本馆CIP数据核字第2024HA2202号

出 版 人　姜逸青
责任编辑　江　岱
装帧设计　孙大旺　万秀娟　劳嘉诺

书　　名　上海乡村聚落风貌调查纪实 · 浦东卷
作　　者　上海市规划和自然资源局　编著
出　　版　上海世纪出版集团　上海文化出版社
地　　址　上海市闵行区号景路 159 弄 A 座 3 楼　201101
发　　行　上海文艺出版社发行中心
地　　址　上海市闵行区号景路 159 弄 A 座 2 楼　201101
印　　刷　上海雅昌艺术印刷有限公司
开　　本　889mm×1194mm　1/16
印　　张　17.5
版　　次　2024 年 9 月第 1 版　2024 年 9 月第 1 次印刷
书　　号　ISBN 978-7-5535-3038-3/TU.030
审 图 号　沪S〔2024〕106号
定　　价　176.00 元

告 读 者　如发现本书有质量问题请与印刷厂质量科联系。联系电话：021-68798999